Organiza tu hogar

Escombra tu hogar y espacio de trabajo. La ridículamente exhaustiva guía para vivir, sin exageraciones, el estilo de vida minimalista

CAMILA ESTRADA

Nota legal

El siguiente documento se reproduce a continuación con el objetivo de proporcionar información lo más precisa y confiable posible.

Esta declaración se considera justa y válida tanto por el Colegio de Abogados de los Estados Unidos como por el Comité de la Asociación de Editores y es legalmente vinculante en todo Estados Unidos.

Además, la transmisión, duplicación o reproducción de cualquier parte del siguiente trabajo, incluida la información específica, se considerará un acto ilegal, independientemente de si se realiza de forma electrónica o impresa. Esto se extiende a la creación de una copia secundaria o terciaria del trabajo o una copia grabada y solo se permite con un consentimiento expreso por escrito del editor. Todos los derechos reservados.

La información en las siguientes páginas se considera en general como una descripción veraz y precisa de los hechos y, como tal, cualquier falta de atención, uso o mal uso de los datos en cuestión por parte del lector, hará que las acciones resultantes sean únicamente de su competencia. No hay escenarios en los que el editor o el autor original de este trabajo puedan ser considerados responsables de cualquier dificultad o daño que pueda ocurrirle al lector tras analizar la información aquí descrita.

Además, la información en las siguientes páginas está destinada únicamente a fines informativos y, por lo tanto, debe considerarse como universal. Como corresponde a su naturaleza, la información presentada no garantiza su validez ni su calidad provisional. Las menciones a marcas comerciales se realizan sin consentimiento por escrito y de ninguna manera puede considerarse que hay un respaldo del titular de la marca comercial.

Tabla de Contenidos

Prólogo

Estás parado frente al espejo en tu habitación, peinándote para el trabajo. Vas de prisa, como siempre. Mientras el cepillo se desliza por tu cabello, tus ojos vagan por la superficie del espejo. Y notas el pequeño Everest de ropa que se acumula en la silla de la esquina de la habitación. Quizás te invade una sensación de incomodidad, pues van dos semanas que no has encontrado el tiempo necesario para clasificarla, doblarla, o lavarla. Prometes en silencio, tras dejar el cepillo, que 'lo harás pronto'. Sales con rumbo a la sala de estar y el comedor; más desorden, como alertado por tus pensamientos, parece saludarte con alegría desde cada rincón. Antes de salir de casa, sin haber puesto un pie en la oficina... ¡El estrés se ha autoinvitado a tu nuevo día!

La verdad... ¡Es que esto es horrible, lo sé!

En el mundo actual, inmerso en una constante e imparable, veloz evolución; nuestra vida es, día con día, más agitada cada vez. Y no se limita sólo al estilo: la cantidad de información que procesamos diariamente es cada vez mayor. Entonces nuestra mente, a la manera de un embudo demasiado estrecho, está ocupada, saturada, abrumada. No da abasto a tal flujo. El estrés no es esta cosa mágica que surge por encanto, sin razón aparente. Con frecuencia, esta cantidad creciente de pensamientos e información, son causa permanente de estrés y ansiedad. Incluso nuestro tiempo libre es muy limitado. Como las horas de ocio no más bien escasas, no podemos ir muy lejos de nuestro entorno cotidiano. Entonces, nuestra elección favorita de descanso, es quedarnos en casa... Y si nuestra casa parece un escenario de la guerra más pesadillezca que puedas imaginarte, bueno... Te garantizo que, un buen descanso, no es lo más probable que obtendrás al quedarte en un lugar así.

Además, ¿a que luce terrible un hogar sucio y atestado hasta el extremo?

De manera que, si tu intención primordial, es tener un descanso efectivo, un sueño reparador, y una reposición completa de las energías, es importante que garantices que tu espacio íntimo, sea lo más agradable y armonioso posible. Para esto, debes ejecutar un blindaje soberbio a tu salud mental, y procurar encontrar soluciones que te permitan mantener la paz y la tranquilidad en tu entorno más próximo: tu hogar.

Tener un espacio íntimo organizado y limpio, en el que puedas descansar y transitar, es muy, muy importante. Un espacio simplificado, es igual a una vida simplificada; pensamientos, acciones, decisiones, sensaciones. Ahorras tiempo, y tu experiencia cotidiana es mucho más sencilla. Me gustaría contarte sobre cómo es que tener muchas cosas, más que hacer tu vida más llevadera, en realidad, lo complica todo.

Minimalismo.

No sé si conozcas de qué va esta corriente; pero, si no conoces mucho al respecto, no te preocupes.

Yo me ocuparé de que, cuando termines este libro, sepas todo lo que necesitarás para que una nueva brisa sople sobre tu vida y hogar. El minimalismo no es complicado, ni es solo para personas iluminadas por el Zen.

En este libro, encontrarás la manera de organizar tu hogar de una manera simple y armoniosa. Te enseñaré unas estrategias buenísimas para que encuentres el tiempo necesario para llevarlo a cabo. ¡No más 'no tengo tiempo'! Reconocerás la importancia y las ventajas que este proceso, llevado a cabo de manera habitual, instaurará de manera definitiva en tu vida. También, encontrarás una serie de consejos para llevarlo todo a cabo a cabo, y se te forje como un hábito que dure a lo largo del tiempo. No hay nada mejor para tu calidad de vida, que unos sólidos, positivos hábitos.

Si estás aquí, leyendo este libro, significa que estás muy interesado en adoptar un nuevo estilo de vida más ordenado. Lo fascinante de las nuevas decisiones es que el hacerlas, conlleva muchos esfuerzos emocionales y psicológicos. En este camino del despeje, si no estabas al corriente de lo que acabo de exponer, quizás te topes entonces con aspectos que, posiblemente pensaste, no eran relevantes para el ordenamiento del hogar. Será fundamental que reconozcas aquellos pensamientos que hacen que el desorden, la acumulación, te parezcan atractivas. Por lo regular no lo pensamos, es como si estuviéramos en piloto automático. Sin embargo, cuando uno quiere deshacerse de este tipo de patrones, es necesario que identifique las raíces del problema, para así poder encontrar maneras efectivas que le permitan contrarrestarlo todo. Tú yo, somos seres humanos, así que es normal que tengamos esto, llamado apegos. Sin embargo, confío que en este proceso te darás cuenta que es importante comenzar a generar sentimientos de desapego, pues notarás las bondades que esto traerá a tu vida.

Me dispondré a enseñarte, a partir de una serie de sencillos pasos, qué es lo que debes hacer para organizar tu hogar. Quiero dejarte claro que, por hogar, no solo me refiero al sitio en donde duermes, en donde habitas. Tu hogar, es todo el entorno que te rodea: tu casa, tu auto, el jardín, la acera frente a tu casa, y los calles por las que te mueves diariamente para ir a tu oficina, tu oficina, etc.

Por desgracia, en nuestro moderno mundo occidental, tenemos esta idea infantil de que, mientras más cosas caras y bonitas tengamos, y en más cantidad, más felices seremos. Nuestros trebejos lindos nos dan estatus frente a los demás; son indicadores del excepcional buen gusto que tenemos, por lo que significa que somos elegantes, somos chic.

Te contaré algo muy personal: siempre que veo repeticiones del programa Hoarders, termino llorando. De verdad, no te miento, y adelante, puedes pensar lo que quieras de mí. Pero así es. Me da una tristeza tremenda ver a esas pobres personas que se han parapetado detrás de toda clase de objetos; muchos no siempre agradables o bonitos. Si has visto como yo, ese programa de televisión, sabes que muchas veces, esa acumulación compulsiva no es más que un síntoma exteriorizado de una psique lastimada, insegura, infeliz. Hay sentimientos y emociones profundamente arraigadas detrás del comportamiento acumulador, de nuestras casas hechas un desastre. No son temas sencillos para nadie. Sin embargo, quiero asegurarme de cubrirlo todo, y te prometo que lo haré con la mayor delicadeza posible, con el respeto que esto se merece. Después de todo, en algún momento de mi vida, fui una acumuladora. Viví en medio de un terremoto que llamé casa. Nunca tenía tiempo para ordenar. Sentía que se me partía el alma, cuando tenía que deshacerme de algún objeto. La limpieza, era algo que jamás tenía un espacio en mi apretada agenda.

Estoy segura que, puesto que estás leyendo este libro, te sientes por lo menos, mínimamente identificado con algo de todo lo que he expuesto con anterioridad. En el minimalismo, yo descubrí que estaba metida en una trampa que ideé para mí misma sin querer. Estuve tan esclavizada por mis objetos, que no me di cuenta que hacía mucho tiempo que dejé de disfrutarlos. No me hacían ya ilusión alguna, sin importar lo caros que hubieran estado en la tienda. Vivía para comprar y tener, no compraba y tenía para vivir. Fue muy doloroso. No te conozco, pero si estás aquí, me temo que quizás estés experimentando ciertas dificultades.

Yo deseo ayudarte, de acuerdo a mis posibilidades.

Desde el concepto minimalista de organización de tu entorno y tu vida, que facilitará tus tareas y optimizará tu tiempo, inclusive podrás ahorrar dinero. Estarás encaminado a un destino de libertad y felicidad.

Es por eso que centro aquí toda mi atención, para que puedas lograr organizar tu vida desde el concepto y punto de vista minimalistas; en donde el protagonista de tu vida seas tú, y no tus trebejos lindos que se roban siempre los reflectores.

Como verás más delante, el minimalismo es un concepto fácil de describir e interpretar. Es lograr vivir solo con lo necesario, sin que te llenes de objetos que no necesitas. Es la idea de la sencillez que te hará economizar tiempo y dinero, a la vez que energía. El minimalismo puede interpretarse como menos, es más. Con el tiempo libre que obtendrás al deshacerte de distracciones, podrás atender esas otras actividades que en verdad son importantes en tu vida.

El minimalismo es como el cuchillo sobre una libra de zanahorias rescatadas del fondo del cajón del supermercado: tienen muchas partes malas, o echadas a perder, que quitaremos con nuestro cuchillo para poder aprovechar la abundancia de las partes buenas. Reduce a lo esencial, quita lo sobrante: el mantra de un humano minimalista. Pero no te confundas, el minimalismo no es nada, es solo vivir con lo necesario para llevar una vida cómoda. No es ascetismo, ni penitencias. Es un estilo único y original, que logra un equilibrio entre nuestras necesidades, y los artículos que utilizaremos para saciar estas necesidades nuestras.

El minimalismo, cuando lo apliques en tu vida cotidiana, te ayudará a darte cuenta sobre qué es lo que verdaderamente importa en tu vida. Será un filtro, que te dejará prestarle atención a los asuntos pertinentes, y a dejar ir a aquellos que no lo son. El minimalismo es resultado del orden y la simpatía de nosotros mismos, por nuestro entorno. A medida que comiences a implementar un estilo de vida organizado, verás el giro de 180° en cuanto a tiempos y energías que tendrás.

En los capítulos, te explicaré primero qué es exactamente el minimalismo. Verás que no solo es una corriente arquitectónica o de decoración. También, abordaré cómo es que puedes apocarlo a tu vida diaria, en tus actitudes, pensamientos, acciones, y por qué es conveniente adoptarlo como un estilo permanente de vida. Notarás que también es necesaria una mente minimalista para avanzar en tus objetivos y metas, por qué es necesario que tu hogar respire minimalismo, y cómo asegurarte de que creas hábitos duraderos para esta cuestión. Te repasaré todos los beneficios que podrás alcanzar, y te expondré las razones más comunes de por qué no has iniciado con la organización de tu hogar.

Te daré también una pequeña guía de siete pasos para que empieces a crearte el hábito de limpieza y organización diaria. Y no te preocupes, verás que es tan sencillo, que querrás empezar de inmediato. También, encontrarás útiles tips para organizar el tiempo de la limpieza: como ya te darás cuenta, no será nada científico, es solo una buena logística la que hará maravillas.

Se dice que establecer prioridades ayuda a que los avances sean notorios, ¡y estoy muy de acuerdo con ello! Te daré consejos para que armes tu propio plan de metas. No pretendo decirte cómo es que debes hacerlo, solo puedo darte algunas pistas. Recuerda que tú tienes el mando de tu vida. Verás lo sencillo que resulta armar un plan de inicio para comenzar con la labor titánica de deshacerte de objetos, y planear el uso de los espacios de tu casa. Y lo realmente difícil del asunto, no voy a mentirte... Los apegos.

Con una guía de habitación a habitación, te daré algunas pautas que podrás usar para despejar cada uno de los sitios clave de tu hogar, así como algunos tips para que tu esposo, esposa e hijos se unan a ti en esta importante campaña. Todos pueden contribuir, y si aprenden junto contigo, ¡mucho mejor! Hay muchísimas técnicas a tu alcance para lograrlo, así que te expondré algunas para que elijas la que más se ajuste a tus necesidades particulares.

La felicidad, y es muy triste que sea así, es algo que siempre tratamos de encontrar en los objetos materiales. Y no quiero decir con esto, que las cosas no puedan proveernos de cierta alegría, porque es cierto que sí que pueden hacerlo. Pero la verdadera felicidad, esa que puede hacer que rocemos las nubes con los dedos, es aquella que se encuentra dentro de nosotros mismos, la que resuena al mismo tiempo con nuestra paz, tranquilidad.

Y te aseguro que tú puedes alcanzarla, si así lo deseas; te afirmo que la mereces, y es por eso que he querido brindarte este pequeño libro. Quiero que experimentes la paz y la tranquilidad, que solo una conciencia tranquila puede darte.

Capítulo Uno:

¿Minimalista, yo?

Cuando pensamos en minimalismo, puede que nos vengan la cabeza innumerables imágenes, mayormente de arte: bloques, estructuras simples creadas con materiales industriales. Quizás, a las mentes de otros acudan entornos vacíos carentes de calor, fríos, austeros. Para unos más, un hogar japonés con tatamis, para otros, una casa occidental de corte moderno con muebles bonitos y simples, altos techos, y mucha luz natural.

Esto es natural, pues con frecuencia, al minimalismo se lo entiende como una corriente artística y arquitectónica. Y no está mal, pues fue aquí donde surgió por primera vez.

El término *minimal* fue usado por primera vez en 1965 por Richard Wollheim, un filósofo del arte inglés. Wollheim postulaba que, para entender al arte, había que comprender primero su contexto social; en esta relación radicaría el significado de la pieza, pues los artistas se encuentran condicionados por su medio. Entonces, cuando empezaron a surgir obras modernas, cubos individuales, monolitos gigantescos sin adornos o recargos, Wollheim las llamó 'minimalistas'. Estas obras contaban con lo necesario para ser apreciadas y disfrutadas, sin hacer uso de artificios. El público es quien, al interactuar con ellas, ponía el significado. Sin público, estas obras estarían vacías.

Con el pasar de los años, surge la palabra 'minimalista'. El minimalismo se hace notar de inmediato como un movimiento transversal, debido a sus características comunes, y hace entonces el salto a diferentes aspectos de la vida humana: la moda, la sociedad, los estilos de vida, la arquitectura, la filosofía, etc.

Como llegó, naturalmente, a la vida de las personas y, en algún punto, es que surge el significado que nos interesa a ti y a mí. Porque muchas personas se identifican como minimalistas, y quizás tú no tengas en claro si hablan de sus casas, o de sus preferencias artísticas. Déjame exponerte a qué se refieren. Según la página Minimalismo y Orden, puede definirse al minimalismo en la vida diaria como:

"El minimalismo existencial o la filosofía minimalista, hace referencia a un estilo de vida sencillo, austero y modesto. Toma como referencia la disciplina helenística, que basa en la moderación y el desapego con lo material, su forma de ver la vida. (s.f.)

Todo esto está muy bien, ¿no?

Pero... ¿Con qué nos bombardean los medios de comunicación, la mercadotecnia y el estilo de vida consumista?

Te sientes incómodo con tu perfectamente funcional ordenador viejo, y te pica la mano por ordenar uno nuevo. Además, ¿qué no has visto que los vecinos tienen electrodomésticos nuevos? Eso significa que al viejo Glenn debe de irle muy bien en su trabajo, con su ascenso... Y tú ahí, navegando por la web en tu prehistórico ordenador...

El objeto en cuestión no tiene más que ventajas, y está pintándote de rosa la visión porque, además, ¡tiene descuento!

¿Qué podría salir mal, vamos? No sabes qué pasará en un futuro, entonces es mejor que te prevengas. Ya está, ya lo compraste. Huele delicioso a nuevo, tu flamante ordenador. Miras de soslayo tu ordenador antiguo y, súbitamente, sientes que es tu viejo amigo. No podrías deshacerte de él... Además, puede que tu hija, prima, el vecino, o alguno de tus amigos lo necesite. Sí, mejor lo guardas, aún conservas la caja.

Y te olvidas por completo, tan feliz que estás, del viejo ordenador que acumulará polvo hasta la eternidad en tu armario.

Más, es más. Cuando tienes más objetos, eres más feliz. Por eso necesitas el nuevo auto del año, la casa en Beverly Hills, una nueva mascota, nuevos muebles, una decoradora de interiores nueva que te dé un fantástico interior nuevo para tu hogar, un guardarropa renovado y más sexy, acorde a las nuevas tendencias, un nuevo *look* más vistoso que el del año pasado, o nuevas televisiones con definición microscópica.

¿La imposibilidad del minimalismo?

Cuando tenemos cosas nuevas, bonitas, todos nos admiran. Y mira que sé de lo bien que sienta un subidón de ego. Cuando yo tenía ocho, mi padre se compró un Volvo del año. Tenía un excelente trabajo, vivíamos muy bien, en un barrio que algunos llamarían "de baja categoría". A mí me resultó muy extraño que se comprara un auto de esos, pues se quejaba de lo caros que eran, de lo horrorosos que le parecían. Pero luego vi cómo el vecino, el señor Powell, se puso verde de envidia; mi papá, el Volvo estacionado en nuestro camino, comentaba en voz muy alta con mi hermano mayor, para que Powell oyera con toda claridad, sobre las bondades de su potente motor.

No lo entendí, a esa edad. Pero después, a los trece, los chicos comenzaron a fijarse en mí. Mis amigas tenían envidia de mi hermoso cabello lacio, tan brillante, manejable, y me pedían consejos. Yo, generosamente, con una ancha sonrisa en la cara, me sentía una reina al brindárselos. Después fue mi ropa, mucho mejor que la de mis amigas, no tan afortunadas. Era increíble sentirse admirada, envidiada por todas, deseada por todos.

Luego nos mudamos a una zona mucho mejor... Pronto me di cuenta que no era más, una abeja reina. Mis vestidos no eran mejores que los de mis amigas. De hecho, ya ni siquiera llamaban la atención. Los chicos las miraban a ellas, no a mí. Me da vergüenza decirte esto, pero muchas veces le pedí a mi madre, que le dijera a mi padre, que me comprara ropas más caras, más bonitas, mejores. Como era su única niña, su princesa, cedió. Pero yo no tenía llenadera, pues caí en lo que parecía una carrera de relevos entre mis compañeras de instituto. Y me envolví en esta dinámica de estatus por objetos, una trampa total: se extendió a viajes, experiencias, amistades, relaciones interpersonales, quién era mi novio...

No me culpes, era una niña ingenua. Lo terrible del asunto, es que esta forma de pensar me duró incluso cuando tuve que ser yo la que se comprara los objetos preciados que tanto ansiaba. Mi familia perdió considerablemente su afluencia, pues la empresa de mi padre experimentó una fuerte caída, y hubo muchos recortes de personal. Si bien la empresa quiso conservar a mi padre, se vio obligada a reducir su fantástico sueldo. Por fortuna, gracias a sus ahorros, él pudo pagarme la universidad. Solo que necesité de un trabajo de medio tiempo para solventar los gastos de mis alimentos, y del departamento en el que vivía, pues me rehusé a vivir en los dormitorios. Allí fue cuando me di cuenta, de que necesitaría de mucho dinero para comprarme un par de escarpines de mi marca favorita. Como el señor Powell, yo me ponía verde de envidia cuando alguien más obtenía lo que yo no podía.

Mi vieja yo se sintió tan humillada… ¡Tener que elegir entre comer, o vestirme como quería! Estaba muy deprimida. En ocasiones, en lugar de concentrarme en lo que mi profesor exponía al frente del aula, yo solo pensaba en que sería feliz otra vez si tan solo tuviera ropa bonita, si tan solo no viviera en un maldito departamentucho, si tuviera una sala de estar en condiciones dónde invitar a mis finas amigas, si las tuviera... Si tan solo tuviera mi ropa ansiada, los chicos se fijarían en mí de nuevo, y viviría mi historia ansiada de amor universitario. Llegué a desear que ojalá mis padres fueran millonarios, que ojalá yo fuera una rica heredera.

Ojalá yo fuera otra persona diferente. Ojalá no existiera yo.

No me refugié en la bebida, ni nada por el estilo. Pero me replegué en mi misma, y maldecía cada segundo de mi vida. Pese a que tenía muchas cosas bonitas, vestigios de mi vida pasada en casa, las desdeñaba por ser de temporadas pasadas, porque no eran nuevas y se les notaba la edad. En serio, por cualquier cosa. Muchas prendas, también, ya no me quedaban. No lo sé, era una extraña relación de amor-odio: pese a todo lo anterior, me negaba a tirarlas por el enorme valor emocional que tenían para mí.

Ya te imaginarás que, con ese ánimo, mi departamento estaba hecho un desastre. Y lo estaba, como yo misma, y como la que creía era mi horrible vida. Vuelvo la cabeza hacia atrás, y me maravillo de la cantidad de estupideces que soporté, hice, y adquirí, solo por *ser alguien*.

Pero es que hay algo que no comprendía. Yo deposité mi valor intrínseco como persona, en los objetos que tenía. En la ropa que vestía. En cómo era percibida por los demás. Como ya te dije, estaba hasta el cuello, hundida en aquella trampa, en la carrera de los relevos contra el mundo.

¿Y qué es lo que pasa cuando uno deposita su propio valor en algo más? Sí, así es. Como el dólar, te encuentras sujeto a depreciaciones y valoraciones de agentes externos a ti. Alguien más decide cuánto vales. No vales por lo que eres, vales por todos los objetos que puedes adquirir. Y si no puedes comprar nada con cantidades enormes de dólares, entonces eres un dólar que no sirve para nada, eres una moneda débil, que nadie querrá en su país.

Cuando vives con este tipo de forma de pensar, tu vida es una muy agotadora, estresante, y fugaz. Recuerda que tu valor está sujeto a cambio. Recuerda que no siempre tendrás millones de dólares para solventar tu gusto exquisito por cosas finas que te darán el valor que mereces. Que, es más, puede que nunca tengas el dinero necesario para convertirte en alguien valioso a los ojos de los demás.

El minimalismo rompe con todos estos paradigmas, tan comunes de nuestra sociedad materialista, diciendo: *menos es más*. Una afirmación atrevida, en este mundo en el que vivimos, ¿no crees?

La simplicidad es el valor fundamental del minimalismo; el minimalismo quiere reducir los elementos, las formas, los objetos, solo para dejar aquellos que te permitan vivir de manera cómoda. ¿Qué necesitas una escultura de dragón de jade de mil doscientos años para ser feliz? Pues no. ¿Que necesitas vestirte de acuerdo a la moda vista en la última pasarela de Nueva York? Tampoco. Ni tampoco necesitas una mansión de treinta habitaciones, piscina olímpica, campo de golf y pista para carreras de caballos, ni un auto del año, ni un departamento más grande, ni muebles Luis XV.

Como seres humanos, en realidad, necesitamos poco para vivir: una casa sencilla que cubra las necesidades tuyas, o las de tu familia, un medio de transporte para moverte rumbo a tus actividades, comida nutritiva, y ropa idónea para resistir los diferentes climas. Por desgracia, el resto son lujos que nos gusta convertir en necesidades a como dé lugar. Claro, pues así nos lo han hecho creer. La publicidad y el marketing, son caballeros poderosos a los que pocos pueden resistirse.

Pero, para que uno pueda convertirse en una persona minimalista, necesita más que empezar a tirar por la ventana todas sus posesiones.

¿Cómo es una persona minimalista?

Las personas minimalistas cuentan con una serie de características, morales y psicológicas, que están enraizadas de manera profunda en su psique. Veamos algunas de ellas:

• *Llevan una vida sencilla:* Las personas minimalistas no se apegan a los objetos materiales, pues conocen el verdadero lugar de éstos: son solo cosas, y nada más. No representan nada, más allá de lo que son, o de su propósito. Es decir, un minimalista tiene una manta para el frío. Pero si ya no la necesitara más, se desharían de ella. No pensaría: "Oh, pero si esta manta me la ha regalado mi madre por mi cumpleaños. Pues claro que no me desharé de ella.", o "Esta manta verde es muy delgada, pero muy linda. Creo que me compraré otra roja, más gruesa, para abrigarme, y me quedaré con esta también." En el primer caso, si el minimalista ya no la necesita, se deshará de ella sin importar si se la tejió la mismísima reina de Inglaterra. En el segundo caso, se deshará de la bonita manta verde, que no le sirve de nada ahora, para poder adquirir así la otra que sí le servirá.

• *Saben controlar sus gastos:* Los minimalistas saben que los caprichos repentinos, así como los gatos no premeditados, son un camino seguro hacia la ruina económica. Así que no sucumben, por ejemplo, a la fiebre de las compras del *Black Friday*, o de Navidad. Si se acercan a comprarse algo a alguna tienda o negocio, es porque lo necesitan. La publicidad invasiva no les hace ni cosquillas en los pies, y no adquirirán nunca nada, que no necesiten de verdad. Además, no tienen necesidades consumistas: no se comprarán un modelo nuevo de auto, solo porque el año cambió de número, ni una tele nueva con 3D incluido, o la más nueva consola de videojuegos. El ansia de objetos lindos y novedosos no les provoca comezón alguna.

• *Llevan una vida sostenible:* Los minimalistas son disciplinados, tanto en su interior, como en su exterior. Hacen ejercicio y cuidan de sus emociones. Están muy ligados a un tipo de espiritualidad que siente respeto por todas las cosas vivientes. Más que nada, comprenden que todas sus acciones tendrán consecuencias futuras para sus sucesores. Como todos sabemos, nuestro planeta Tierra se está muriendo debido a los abusos y la enorme contaminación. Los minimalistas no esperan a que el gobierno legisle leyes de protección, sino que ellos mismos toman acción en sus vidas cotidianas. Si una batería de teléfono inteligente tardará de 5000 a 7000 años en degradarse, un minimalista, alegremente, no cambiará de equipo móvil cada medio año. Si la industria de la moda genera contaminación de millones y millones de litros de agua, no comprará ropa desechable que al año ya no sirva. El minimalista entiende que los hábitos consumistas causan un grave daño al medio ambiente, así que no está dispuesto a inmiscuirse en esa nociva dinámica. Mejor, elegirá buenos y durables productos, que cuenten con la vida útil más larga posible. Esta actitud de respeto hacia los seres vivientes, me recuerda a uno de los entrenamientos de consciencia del maestro Zen Budista Thích Nhất Hạnh. De hecho, esta noción de que todas nuestras acciones tienen consecuencias, es una de las enseñanzas básicas del Zen.

• *Visten con elegancia y sencillez:* Los minimalistas no sienten la necesidad de impresionar a nadie con sus maravillosos trapos de diseño exclusivo. Tampoco quieren presumir a los demás, que tienen mucho dinero o posibilidades. No permiten que la ropa se apropie de su valor como personas. Tipos tan billonarios como Steve Jobs, o Mark Zuckerberg, siempre se vestían diariamente con lo que parecía el mismo conjunto. Los minimalistas anteponen la comodidad, la buena calidad, la durabilidad, en sus atuendos cotidianos. Apuestan por los colores neutros o básicos, pues son más fáciles de combinar. En su indumentaria, revelan su forma de pensar y de ser: sencilla, sin adornos, sin pretensiones.

• *Viven en espacios abiertos y ordenados:* ¿Te has preguntado, por mera curiosidad, cuánto tiempo se llevan los empleados en limpiar por completo las enormes mansiones de los famosos? Si las imágenes no nos mienten, lo tienen todo como los chorros del oro. Yo, la verdad es que no quisiera ser encargada de la limpieza de esos sitios, porque sería un proceso largo y pesadísimo. Por no hablar de las enormes estancias, todavía el montón de esculturas, muebles y trebejos bonitos, necesitan ser limpiados con esmero... uno por uno. Si bien es cierto que ya contamos con aspiradoras y demás utensilios modernos, todavía la mano humana es necesaria para la limpieza y orden. Los minimalistas no tienen qué preocuparse por esto. Como no poseen demasiados objetos, y menos inútiles, la limpieza y orden del hogar no les lleva mucho tiempo; además, cada cosa cuenta con su lugar designado, por lo que no se acumulan objetos encima de mesitas, libreros u otras superficies.

- *Son agradecidos:* Los minimalistas aprecian el valor de cada objeto que poseen, pues cumplen todos con un propósito y necesidad específicos. Su espiritualidad de respeto hacia todo lo viviente, y los desapegos a los objetos, les permiten agradecer cada una de las experiencias vividas con determinados objetos. Recordemos que los minimalistas no les conceden valor sentimental a los objetos. Además, saben que todo es fugaz, que no dura para siempre. ¿No te suena un poco a filosofía Zen?

- *Son pacíficos:* Los minimalistas están al corriente de que los objetos superfluos, son distracciones. Y esto también lo aplican a sus propias emociones. Si una relación los está distrayendo de sus objetivos, huirán de ella. Si hay algo que no contribuye para nada a sus vidas, lo desecharán. Jamás los encontrarás peleándose por cuestiones inútiles, o dándole vueltas a un problema que no pueden solucionar. Tampoco se harán cargo de algo que no puedan manejar. Como podrás darte cuenta, no es que los minimalistas huyan de los problemas, sino que no estarán dispuestos a concederle tiempo a algo que no aporte, no funcione, no les haga crecer: son distracciones. Y ellos no necesitan de las distracciones, de ningún tipo, para sentirse mejor consigo mismos.

• *Viven en el presente:* Un minimalista no se estresa pensando sobre qué es lo que sucederá mañana. Como son personas realistas, saben que no son adivinos, y que es imposible que se desvelen previniendo catástrofes o problemas futuros. Además, saben que, si mantienen la vista enfocada hacia el futuro, o, al contrario, sobre el pasado, perderán de vista lo que tienen enfrente, el presente. Así como no acumulan cosas pensando que "podrían servirme después", usan la misma mentalidad en sus vidas diarias. No se crean expectativas irreales sobre lo que *debería ser*. Los minimalistas disfrutan cada día, trabajan construyendo para su futuro con ilusión, sí, pero sin estrés o ansiedad. Como bien indica la filosofía Zen budista, la llave para entendernos a nosotros mismos, en nuestras emociones, metas y rumbo futuro, radica en nuestra consciente vivencia del presente. Bueno, pues eso es lo que hacen los minimalistas... ¡Te digo que hay un poco de Zen aquí!

Son equilibrados: Los minimalistas llevan un estilo de vida muy relajado. No hacen grandes sacrificios a costa de su salud, ni se exigen trabajar 70 horas semanales en un trabajo que detestan, porque 'así es como es, la vida adulta'. Los minimalistas no se tragan, ni un poco, eso del sendero del éxito y la felicidad que los medios de comunicación venden como la panacea del siglo. No van apresurados por la calle con un volcán por estómago debido al estrés, ni van gesticulando violentamente al aire con un teléfono en la oreja. Se limitan a realizar únicamente lo que necesitan para que todo marche bien en su vida. Y como tampoco desean una cuenta bancaria millonaria que les permita comprar todos sus objetos lujosos, ni siquiera piensan en hacer más, más y más dinero, como le sucede al humano promedio. Ellos son dichosos con lo necesario, no gastan energías innecesarias volviéndose locos por objetos que no les otorgarán ni un ápice de felicidad.

Seguro que habrás notado algo muy sospechoso en todas estas características que conforman a una persona minimalista. Y no, no hablo del Zen.

Los minimalistas no tienen actitudes negativas, ¿cierto? No se quejan de sus circunstancias, ni viven deseando que la vida fuese diferente. Tampoco se regodean en su propia tendencia a la autocompasión cuando las cosas van mal, o se paralizan por los apegos de cualquier tipo.

Te seguiré contando un poco más de mi historia que dejé inconclusa.

Cuando existía en ese punto de mi horrible vida, conocí a Zach. Zach era un compañero de mi facultad, con el que a veces coincidía en clases, pero con el que nunca hablé. Un buen día, nos asignaron un proyecto pesado de Administración, y el profesor designó parejas. Yo quedé agrupada con este chico Zach. Conforme fuimos reuniéndonos en los proyectos, lo conocí. Si bien Zach no era un Adonis, me enamoré de él. Zach era un chico muy sencillo, de humildes orígenes de campo que contrastaban con mi cuna de plata. Zach se vestía con la misma ropa siempre, y, sin embargo, a diferencia de mí, parecía tan feliz... Cuando por fin me invitó a salir, jamás me pidió que usara una ropa más linda, ni me miró por encima del hombro. Recuerdo aquella vez que me llevó a un sencillo *diner*, y yo, que iba vestida con mi ropa vieja, pero como para una pasarela de cuatro años atrás, me sentí muy fuera de lugar en aquel sitio.

Zach me escuchaba, me dejaba llorar en su hombro, y me respetaba muchísimo, aun cuando yo era brusca con él. Aunque estaba enamorada, no podía dejar de pensar que Zach no me convenía. No era ilustre, ni rico. Ni siquiera era guapo. ¿Qué irían a pensar los demás de mí, si tenía un novio como Zach? Además, Zach no tenía pretensiones, y mis ínfulas eran de millonaria.

Zach, pronto, terminó de notar mi descontento. Como el caballero que era, decidió retirarse antes de lastimarme más, o de salir lastimado él. Simplemente habló conmigo, dijo que quería que yo fuera feliz, pero que él no podía darme lo que yo necesitaba, y se retiró.

Si ya estaba deprimida, la partida de Zach me deprimió más, hasta niveles clínicos. Mi rendimiento escolar bajó, y mi profesor favorito, que me estimaba mucho, me envió con la consejera del campus. Hablé, hablé, y hablé. En mis monólogos, me di cuenta de algo.

Estaba esperando que algo externo a mí, hablando específicamente, el estatus, las riquezas, me dijeran que era valiosa, que merecía ser feliz, que *era querida, aprobada*. Así pensaba yo que se demostraba el amor y la apreciación. Así me condicioné a valorarme a mí misma, desde temprana edad.

Y me estaba pasando factura, por fin.

Lloré mucho a Zach. Había perdido a un buen hombre solo porque era pobre, por pensar que él no estaba a mi altura, que no era suficiente para mí. Mi trampa comenzaba a inundarme las narices con lodo. Mis apegos arruinaron la que pudo ser, la historia de amor universitario que tanto ansiaba vivir. Mis expectativas sobre lo que yo debería ser, sobre lo que él debería ser, reventaron a mi propia realidad del presente.

Me ahogaría, si no me decidía cambiar de una buena vez, mi forma tóxica de pensar.

Capítulo Dos:

Los porqués y paraqués de un minimalista

Ahora que ya conoces las características de las personas minimalistas, veamos cómo es que puedes comenzar a ser uno. Tiene cierto grado de complejidad, seré sincera; pero, si en realidad quieres hacerlo, no será nada que no puedas hacer.

¿Cómo puedo ser una persona minimalista?

Creo que, como hice yo en mi juventud universitaria, primeramente, tienes que admitir que tienes un problema. No te asustes, no tiene por qué ser un problema. Yo sí tenía un problema muy gordo; pero, lo tuyo, puede ser una *necesidad* muy *particular*. Perdóname si me atrevo a asumir algo que quizás no es, pero estoy segura de que, si estás aquí, leyendo este libro para organizar tu vida y tu casa sin estrés, es porque crees que puedes cambiar tus hábitos nocivos. Porque seguro estás cansado de este ritmo frenético moderno que solo sirve para estresarlo a uno, porque has comprendido que, ni con todo el dinero del mundo a tu disposición para comprar todos los objetos que pudieran ocurrírsete, alcanzarías la felicidad verdadera que deseas.

Entonces, ¿cómo puedes prepararte al camino del minimalismo? Si ya estás decidido a iniciarte al minimalismo, te compartiré ocho consejos de

Pedro Campos (2018), más mis comentarios, con los que puedes iniciarte, desde hoy, a adoptar una mentalidad más minimalista:

1. Inspiración Constante: Para este estilo de vida, al iniciarte, necesitarás inspirarte diariamente para afianzar tu confianza en este estilo de vida. Podcasts, blogs, vídeos, libros… Como tú lo desees. Ya cuando estés lo suficientemente inspirado, corta los suministros de inspiración, pues podrías saturarte, y esto te distraería de lo que quieres lograr. /// Estoy completamente de acuerdo con esto. Me ocurrió que, cuando me decidí por el estilo de vida minimalista, saqué muchísimos libros de la biblioteca de la universidad. Tras leerme tres, me di cuenta que, con demasiada información, ahora no sabía por dónde debía comenzar a vivirlo. Solo hasta que anoté mis prioridades y objetivos, y los tuve bien claros, supe por dónde rayos debía comenzar. Lo que nos lleva al siguiente punto…

2. Ten Clara tu Motivación: Procura que tu razón para ser minimalista resuene contigo, que sea genuina. Sea poner orden en tu vida, mejorarla, o mejorar tu salud, sanear tus finanzas, vivir con menos estrés o querer más armonía en tu trabajo.

En el minimalismo, como ya sabes, no valen las fachadas o las pretensiones: ¡fuera, para nada van! Alguien presumido que desea el minimalismo como estatus, mejor que se busque otro estilo de vida más acorde con el contenido de su corazón. Si tu razón es genuina, sincera, y es por ti mismo, no perderás nunca la motivación. Además, de que tu proceso estará siempre lleno de sentido. Muchas veces no encontramos, así como así, nuestra motivación raíz, pues estamos envueltos en nubes de preguntas e incertidumbre. Tómate tu tiempo, medita, tómate las cosas con calma. Hacer actividades que te generen paz interior, según tu propia inclinación, puede ayudarte mucho. Entre las que yo recomiendo, está la meditación consciente.

3. Inicia Depurando: Esto es para perderle el apego a las cosas. Haz un recuento específico de todas las posesiones que posees, y decide cuáles tiene sentido que las conserves, y cuáles no lo merecen. Es vital para iniciar, que te deshagas de aquello que te estorba de manera mental y emocional para tus objetivos. Llámense objetos, relaciones interpersonales. Lo cierto es, que muchas veces nuestras trabas para iniciar en el minimalismo, son más bien emocionales, que sentimentales. Y claro, esto no es sencillo, lo sé. En realidad, ningún camino de mejoría es coser y cantar; por lo general, la rotura de paradigmas presenta más obstáculos de los que uno se atrevería a imaginar. Sin embargo, al desprenderse de cosas y relaciones, uno se siente más ligero.

4. Consume Menos, Vive más: No compres cosas que no necesites para nada. Muchas veces nos ganan las ansias de, simplemente, poseer cosas lindas. Céntrate en vivir experiencias, en hacer aquello que siempre has querido: apúntate a las clases de claqué que siempre quisiste, haz crochet de punto, viaja por Tailandia, aprende a pintar el cuadro que visionaste en tu infancia, entra por fin a la universidad. No veas a todo esto como un lujo, sino como una necesidad que merece ser cubierta. Esto está muy claro: las experiencias son lo que te harán feliz, tus propios hobbies, quién eres. Lo que compres no te hará dichoso, y solo te estorbará en el camino. Es hacerte más desprendido, más libre, para apreciar a fondo todo lo que te rodea. Los objetos nos distraen, nublan nuestra perspectiva. Las experiencias nos hacen aprender cosas nuevas, conocer gente, nos sacan de nuestras zonas de confort.

5. *Haz Tiempo Para la Calma:* Deja de mantenerte tan ocupado, y haz espacio para la calma. Di no a los compromisos a los que en verdad no deseas asistir. Haz las cosas que te provean de calma. Esto es importantísimo. A veces estamos tan ocupados haciendo mil cosas, que no nos damos tiempo para un instante de paz. Despertamos para prepararnos al trabajo, salimos rumbo a él, regresamos hasta tarde para ir a casa. Si eres casado con hijos, está la familia. Si eres soltero, probablemente te instales en el

sofá después del trabajo para ver películas o series. No es que el ocio sea malo, ¡por supuesto que no! Pero el tipo de entretenimientos modernos, su gran mayoría, son meramente contemplativos. No dejan espacio para la tranquilidad, o para la reflexión que surge en ésta. Son como unos altavoces, sonando a todo volumen, a la hora de dormir. Puede que logremos dormir con el ruido, pero no obtendremos paz, ni el descanso necesario.

6. *No Te Apresures:* Los cambios son lentos, no suceden de un día a otro: no seas duro contigo mismo si fallas. La paciencia y perseverancia son lo más importante. Está más claro que agua en un vaso de cristal, ¿cierto? Yo me desesperaba mucho conmigo misma cuando me inicié a mi camino minimalista después de romper con Zach. ¿Por qué no podía hacerlo perfecto y ya? Quería pegar carrera a toda velocidad, cuando ni siquiera sabía caminar. Y eso es imposible, sea como sea. Así que ármate de paciencia, sé compasivo contigo mismo. Recuerda que nadie te ha

enseñado algo diferente, estás inmerso en una sociedad que valora las cosas por encima de todo, y por eso te cuesta tanto. Sin embargo, ¡aquí estás, intentándolo! No cualquiera lo hace, créeme, y tú eres un valiente por eso. Lo bueno de todo esto, es que siempre podrás intentarlo otra vez.

7. *Sin Comparaciones:* El minimalismo no radica en la forma, sino en tu propio y único modo. No te compares con otros minimalistas, ni pienses que son más porque sus casas se ven súper vacías. Recuerda que hay personas que llevan más años en esto, y su proceso es diferente, y no por eso tú lo estás haciendo mal. ¡Esto es genial! Esto significa que el minimalismo no es una competencia por ver quién lo es más, ni hay medallas de oro para los "minimalistas de oro". Todos los procesos son personalísimos, y únicos. Se trata de lo que te haga sentir bien. Y si lo que te hace sentir fantástico, es tener un poco más de objetos que tu vecino minimalista de hueso colorado, ¡que así sea! Eso no te vuelve mejor, ni

peor que el resto. Además, ya debes saber que las comparaciones no son sanas, ni buenas. Yo me comparaba con mis amigas ricas todo el tiempo, y mira dónde terminé... Entonces, ¡cero comparaciones!

8. No Intentes Convencer a Nadie: Si a los seres queridos que viven contigo no les agrada la filosofía minimalista, no querrás convencerlos. Debes respetar sus decisiones. Lo único que puedes hacer, es dar el ejemplo contigo mismo. Si la persona con la que vives acumula demasiado, déjala. Tú ocúpate de trabajar contigo mismo en otros aspectos, como tus emociones o hábitos. Sé que hay muchas personas allá fuera, que son fans del proselitismo. Yo no lo soy, por dos razones. Primera: el tiempo perdido intentando convencer a otros, es tiempo que pude haber empleado para mejorarme a mí misma. Segunda: mi estilo de vida, si bien a mí me hace bien, y creo que es el mejor, puede que no lo sea para los otros. Es arrogante de mi parte asumir que, lo que es bueno para mí, sin duda lo será también para los demás. Así que, simplemente, vive tu vida lo mejor que puedas. Si llega a parecer atractivo, y alguien se acerca a pedirte ayuda, ¡enhorabuena! Pero hasta ahí.

Con estos ocho consejos, podrás iniciar cuanto antes con tu experiencia *minimal*. Ahora, sumerjámonos en la psique de un minimalista. Porque lo que hace a un minimalista, como te habrás dado cuenta, no es que es un humano especial que tiene tres piernas, o dos cerebros. Es su actitud hacia la vida, y hacia los objetos, su inteligencia emocional, lo que los hace diferentes al resto de las personas.

Fumio Sasaki opina que los minimalistas, son, personas que conocen en verdad qué es aquello que necesitan, en lugar de centrarse en lo que podrían querer por aparentar a los demás. Son esas personas que no tienen miedo de prescindir de su ego. El minimalismo es como un filtro: te ayudará a descubrir los aspectos más valiosos de tu vida, es escamochar todo lo que no es importante para encontrar aquello que en verdad no es relevante.

Y yo no puedo estar más de acuerdo con el señor Sasaki.

A lo largo de mi propio camino minimalista, me di cuenta de la cantidad enorme de basura que acumulaba en mi vida. Y no hablo solamente de ropa vieja de marca que ya no me quedaba, o de cajas vacías, malolientes, de pedidos de comida china. Hablo de mis envidias, mi amargura por ser yo misma, mi enojo autocompasivo contra el mundo cruel. Solo hasta que empecé a desprenderme de todo ese bagaje pesado, molesto, me di cuenta de lo mucho que me importaban mis estudios universitarios. Pasé tanto tiempo quejándome, que perdí de vista que era mi sueño, la vida universitaria. Había sido mi sueño, el vivir sola en un departamento; la independencia me parecía lo mejor, y por eso estaba aquí. Tenía un trabajo que me permitía pagar las cuentas vitales, mientras que otros de mis pares se arrancaban el cabello por no tener un empleo con qué sobrevivir. La ropa, esa preciosa ropa imaginaria entre la que tenía metida la cabeza, yo dejé que me privara de mi realidad. Eso es terrible, y tú lo sabes.

Entonces, un minimalista es desprendido de los objetos, de esas emociones que no aportan nada. Ellos entienden muy bien por qué no quieren tirar las cosas. Y yo comprendo, de verdad. Casi siempre, en el 98 % de los casos, me atrevería a decir... Imagina que te gustan las porcelanas. Y tienes una porcelana especial, la porcelana más horrible que puedas imaginarte. Ha permanecido allí, encima de la chimenea de tu hogar, por más de veinte años. A lo largo de los años, has ido acumulando porcelanas nuevas, más hermosas que esa fea antigualla. Pero, es que simplemente no puedes tirarla a la basura, a pesar de que está mil veces reparada. No puedes desecharla porque... te la dio tu abuela en su lecho de muerte.

¡Era la porcelana favorita de tu abuela! Sería una falta de respeto a su memoria si cayera en la basura. Además, tú querías mucho a tu abuela, así que le tienes mucho cariño a esa pieza.

¿Ves?

Nunca vas a tirarla. Porque tiene un valor emocional. Lo mismo ocurre con las cien redes de pesca, regalos de navidad que guardas en tu garaje, o con los dos ordenadores prehistóricos que guardas desde 1998 porque alguien podría usarlos, o con la ropa preciosa en tu armario que te pondrás de nuevo cuando pierdas esos michelines de más... Por alguna razón u otra, no te desharás de nada de eso.

Los minimalistas, no es que sean insensibles porque pueden deshacerse de la rana de peluche de su primer novio de la secundaria, o porque pueden tirar la porcelana de la abuela. Pero ellos entienden que aferrarse a las cosas, en lugar de a los recuerdos que amorosamente conservan en su mente, es un freno para seguir adelante con sus vidas. No querer desprenderse de las cosas viejas, de esas emociones, es prácticamente reconocer que no quieres que entre nada nuevo a tu vida, porque no tendrás espacio para recibirlo. Sencillo: no quieres.

Por otra parte, volviendo a las porcelanas... Por mucho que te gusten, si ya tienes una, pero sigues acumulando cada pieza bonita que llama tu atención... Pronto, las porcelanas podrían cobrar vida para reclamar la señoría de tu casa. La verdad es, que no necesitas tantas. Si tanto te importa la de tu abuela, podrías conservar esa, y desechar las demás. Los minimalistas solo conservan aquello que en verdad necesitan, lo que les permite vivir con comodidad. No se regocijan ante la vista y posesión de cosas bonitas, pues ya son felices sin ellas.

Podrías contratacarme, diciendo que no buscas impresionar a nadie con tu enorme colección de porcelanas, que no es una cuestión de ego. Son tu deleite propio, ¡y eso es válido!

Y tienes razón. Pero déjame contarte algo. Como ya te mencioné, en el programa *Hoarders*, si bien es algo extremo, hay una mujer que colecciona muñecas y peluches. Como ella misma reconoce, le gusta tenerlas. No trata de impresionar a nadie con su pequeño museo. Es una mujer solitaria viviendo con su hijo, no recibe visitas de ningún tipo. Sin embargo, en su casa, las muñecas la han dejado sin espacio para vivir.

¿Qué pasaba en las emociones de esa mujer, que la compelían a querer tantas muñecas? En el mismo capítulo, un especialista quiso trabajar con sus emociones, pues era claro que algo no estaba bien allí.

Bien lo estoy diciendo, en el programa se lidia con situaciones extremas. Pero, en este caso imaginario de las porcelanas, si esa persona fuera yo, y deseo ser minimalista, me preguntaría: ¿qué es lo que me hace querer acumular porcelanas bonitas?, ¿qué necesidad emocional estoy cubriendo al hacerlo?

A esto quería llegar. Los minimalistas comprenden el origen de sus emociones, y lidian con ellas. No se refugian en los objetos como medio de consolación. No me dejarás mentir, que muchos se refugian en su auto nuevo, en la ropa bonita, en la comida, en comprar videojuegos o novedosos aparatos, para no sentir tanto, determinada emoción o sentimiento. Puede ser la soledad, el desamor, la inseguridad, ansiedad, ira, tristeza, miedo, etc.

Si deseas ser minimalista, ten siempre muy claros los *porqués* de tus comportamientos. Trabaja con ellos, soluciónalos. Siempre digo que, si no puedes hacerlo por ti mismo, para eso están los especialistas certificados de la salud mental. Y no significará que estés loco, sino que necesitas ayuda para encontrar una solución a tu inquietud.

Como ya abordamos en el capítulo pasado, un minimalista tiene muy en claro su motivación, sus *paraqués*.

Detente un momento, y hazte esta pregunta: *¿para qué quiero ser minimalista?*

Aunque me gustaría, lo cierto es que no te conozco. Pero sí sé que tendrás tus razones personales para iniciarte al minimalismo. Puede que quieras una vida más sencilla, o estés harto de no saber en dónde están las condenadas llaves del auto cada mañana. Quizás simplemente tienes ganas de un cambio. Puede que también solo seas un curioso.

Sin importar quién seas, debes tener definido tu motivo primario, y tus motivos secundarios para ser un minimalista. Cuando tienes en claro qué es lo que deseas lograr, es muy difícil que lo dejes a medias, o que abandones.

Algo que opino que puede ayudarte a que distingas tu *paraqué*, son las necesidades y deseos. Distingue entre tus deseos, y tus necesidades. Una figura de un lindo panda en uniforme de guardabosque no es una necesidad. Una estufa moderna, puede que sí lo sea. Una frágil lámpara de papel arroz, que se ensuciará o romperá de buenas a primeras, se ve lindísima, pero no es muy útil. Una sólida, duradera lámpara, puede que sí lo sea. Tú te conoces bien, tú serás quien elija. Cuando empieces a distinguir tus necesidades, comenzarás a pensar como un minimalista. Sabrás qué es lo que realmente te importa, y puede que estés más cerca de encontrar tu verdadero *paraqué*.

Te sugiero encarecidamente que, conforme vayas progresando en este camino tuyo, vayas haciendo listas de tus porqués, y de tus paraqués. Tendrás las perspectivas a la mano. Al estudiarlas en una sola hoja, podrás establecerte metas a corto, mediano y largo plazo: *¿Qué quieres ser capaz de hacer en tu primer mes?* Anotado. *¿Qué quieres lograr en tres meses?* Anotado. Así, sucesivamente, y vas tachando lo que has logrado. A los seis meses, puedes hacer un punto de control. Sentarte, mirar tus objetivos logrados, y preguntarte: *¿en dónde estoy ahora? ¿Me gusta dónde estoy? ¿Qué podré mejorar?* Ya me entiendes el punto. Cuando somos conscientes de nuestro propio camino, cobra relevancia, nos sentimos parte verdadera del proceso. Además,

¡no está nada mal que te des unas palmaditas en la espalda por lo logrado! Es parte de tu propia motivación.

Ya que estás consciente de todo esto, hasta aquí... ¿A que no ha resultado tan difícil como parecía?

Recuerda que siempre puedes ir a tu ritmo, no son carreras de velocidad, ni se pretende acosarte con un barómetro especial para medir tu desempeño minimalista. Se trata de que estés cómodo, de que hagas cosas que te resulten cómodas, y que resuenen contigo.

Conforme vayas ganando terreno en esta experiencia, te irá resultando más, y más fácil. El minimalismo se trata de formar sólidos hábitos que nos acompañen para toda la vida. En los futuros y dinámicos capítulos, te proporcionaré una serie de guías que podrás aplicar, en tu vida diaria, para empezar a construir tus propios hábitos minimalistas.

Capítulo Tres:
Los desafíos del minimalista incipiente

Como te he contado antes, yo decidí que estaba arruinando mi vida, gracias a mi forma tóxica de pensar. Necesitaba un nuevo estilo de vida, preferentemente uno radicalmente diferente. Ya que estaba en una crisis de identidad, decidí que haría amigos con las personas que parecieran lo más extrañas posibles; las diferencias enormes de ellos, conmigo misma, serían el buen indicador de amistad potencial.

Por azares del destino, llegó casi de inmediato a mí la idea del minimalismo, por vía de John, un compañero de clase de Comunicación, un poco hippie, al que decidí acercarme primero. Al principio, debo confesar que pensé que John que estaba un poco loco.

Yo no era muy afecta a asistir a exposiciones de arte indie, pero él sí, y consiguió convencerme de acompañarlo. John disfrutaba mucho de un tipo de arte muy particular. Se apasionaba hablando de una caja de madera, que había sido usada para transportar vegetales, vacía, sola, en medio de una de las salas de exposición de arte de la universidad. Para mí, solo era una caja en medio de una estancia vacía de espacio desaprovechado: ¿¡qué rayos tenía eso de fascinante!? Luego me invitó a una reunión con amigos en su apartamento. Me quedé pasmada. Si yo sentía que tenía pocos objetos... entonces John no tenía ninguno. En la reunión, éramos unos quince, y en el sofá solo cabíamos tres y media personas, muy apretados. No tenía televisión, solo libreros. Siendo John tan bohemio, esperé que su apartamento estuviera atestado de libros, obras de arte, esculturas. Ya sabes, objetos que me gritaran a la cara, quién era John. Pues no. Solo estaba la cama, su cámara en una mesita, un armario, una mesa pequeña, un perchero para sus sacos, una silla, un librero pequeño, y su bicicleta recargada contra una pared. Si no conociera a John, y entrara a su casa, pensaría que cualquiera podría vivir allí. Después, tras escucharlo y conocerlo más, me pareció todavía más hippie, pero no tan loco como antes. John decía que 'comprar basura' era un desperdicio de humanidad y dinero, pues la felicidad no estaba en los objetos, sino en las experiencias, en conocer a otros afines.

John se consideraba a sí mismo, como un minimalista. Sorprendentemente, nos volvimos cercanos.

John escuchó todas mis penas, una noche en la

que me puse ebria porque no soportaba más. Me quedé a dormir en su departamento esa noche, él se acomodó en el sillón para dejarme su cama. Al día siguiente, me prestó un libro sobre arte minimalista. A partir de ese día, comenzó a platicarme de su propia vida. De su infancia en Connecticut, como hijo de millonarios. Me sentí tan identificada con su vida pasada...

El padre de John era un boyante inversor cocainómano y mujeriego, mientras que su madre era una dama fría, que redecoraba por completo la mansión cada dos meses en un intento de mantener la mente ocupada, de ignorar las flagrantes infidelidades de su marido. John tuvo todos los lujos a su disposición, desde antes de que aprendiera a hablar. Los mejores colegios, la mejor ropa. Como ninguna crisis golpeó a su familia, John tuvo un deportivo nuevo, propio, a los quince años.

John me dijo que también creía que toda esa 'basura' lo hacía feliz. Tener más, lo hacía sentir pleno, era *el hombre*. También jugó al juego de las apariencias sociales, en el que ganaba por pedigrí y posibilidades. Lo tenía todo, no podía pedir nada más.

Excepto, bueno, *amor*. Sus padres, me dijo, no eran las personas disponibles, amorosas, que él hubiera querido. Le daban cualquier cosa que a él se le ocurriera, menos calidez humana, cariño, confianza, cercanía. John buscó eso fuera de su mansión. Sus amigos lo querían aún más cuando John regalaba las rondas. Lo admiraban por su increíble Porsche, por sus ropas de diseñador. Las mujeres lo adoraban por lo bien que se arreglaba, pues lucía apuestísimo en caros cárdigan.

Siendo un hombre sensible, al transcurrir la adolescencia, John se dio cuenta de lo vacía que era su vida. Su padre nunca estuvo cerca para responderle sus dudas masculinas al crecer, y lo sorprendió engañando a su propia esposa con mujeres jóvenes. "Eso fue muy chocante, Camila", me aseguró mi amigo. Cuando acudió a su madre en busca de consuelo, fue rechazado.

"Así es la vida, mejor acostúmbrate", declaró ella, antes de sumergirse en su nuevo proyecto de redecoración. Cuando el muchacho enfrentó a su padre, se topó con un cheque de cinco cifras. Como John no cedió, recibió un puñetazo en la sien, y la doble instrucción de no ser un mocoso desagradecido, y de meterse en sus propios asuntos.

Al alejarse de su entorno familiar, en su primer año de la universidad, reflexionó más a fondo sobre su propio destino. Y entonces, John decidió que no tendría más que ver con la filosofía de su lugar de origen. Solo aceptó que su padre le siguiera pagando la universidad. Consiguió un trabajo de medio tiempo, y se dedicó a perseguir su pasión: la fotografía. John me afirmó en los días subsiguientes que, en cuanto terminara la carrera que estudiaba por orden de su padre, se pagaría, él mismo con su dinero, otra licenciatura en Artes.

No le fue fácil, acostumbrado como estaba a los lujos y comodidades que el dinero proveía.

Vendió su deportivo de los quince, y guardó el dinero en un fondo de ahorro para emergencias. Allí fue cuando se compró su bicicleta. En ocasiones, quiso volver arrastrándose con su padre, el mundo que conocía, pero aguantó. Perseveró. También debió acercarse con un terapeuta... Justo como yo.

John me dijo que, si quería, él podía enseñarme un poco sobre su estilo de vida. Yo accedí puesto que mi propósito era, encontrar un estilo de vida radicalmente diferente. Entonces la primera tarea que John me encomendó, fue que me deshiciera de una de mis posesiones con mayor valor sentimental.

Tirar, deshacerse de. Uno de los grandes desafíos del minimalista, es el *escombrar*. Escombrar significa empezar a deshacerte de todas tus pertenencias innecesarias, una por una, o por muchas a la vez. Escombrar, significa renunciar a partes de tu vida que, creías, te definían. El escombrar es importantísimo para tu cuidado personal.

¿Por qué debemos deshacernos de cosas?

El escombrar nos trae muchos beneficios físicos, emocionales y mentales.

Pero hablemos primero de los efectos negativos que conlleva un hogar atestado de cosas.

Primeramente, la acumulación es causa primaria de estrés. No hay nada mejor para sentirte mal, que la visión de un hogar tan repleto de cosas. Tienes tantos objetos, que te da una flojera tremenda hacer de Ceniciento. La suciedad se acumula. Entonces ya no solo tienes una casa atiborrada, ¡ahora también está sucia! No puedes relajarte en un sitio así, solo te provoca ansiedad que veas todo lo que no estás haciendo. Si todo esto fuera tan positivo, tan lindo, los hoteles serían réplicas exactas de nuestras desastrosas casas. Pero no es así. Una habitación de hotel está organizada, limpia. Solo cuentas con lo necesario para tu estadía, lo que te provee comodidad y un descanso excelente.

Segundo. Es difícil seguirle la pista a todo lo que posees, lo que provoca que en ocasiones te olvides de que ya cuentas con esa engrapadora que necesitas ahora. O que no la halles. Por desgracia, esto último se cumple porque la engrapadora no está por ningún lado. ¡Si estabas seguro que la pusiste ahí! Ya has perdido demasiado tiempo buscándola, así que, frustrado, simplemente decides comprarte otra. Al día siguiente, la primera condenada engrapadora aparece. Ooops, ahora tienes dos engrapadoras; quizás te sientes estúpido porque has gastado un dinero innecesario. Si tan solo la hubieras buscado como se debe...

Tercero, estrés y vergüenza. No puedes invitar a tus amigos a un cuchitril desastrado, ni siquiera hay espacio para sentarse. Alguien ha roto una de tus porcelanas favoritas, al querer hacer espacio para la bandeja de shots de tequila. Tu suegra ha llegado de improviso a visitarte... Sí, la has visto arrugando la nariz. Al poco rato, ella te embosca en la cocina para leerte la cartilla sobre el mantenimiento del hogar. Pasas un incomodísimo, pésimo rato. Creo que ya me entiendes.

Cuarto, distracciones visuales, emocionales y mentales. ¡Por fin te decidiste a limpiarlo todo! Te has puesto el delantal y los guantes, llevas empuñado el plumero en tu mano dominante. Este es *el día*. Pero tus porcelanas son tan lindas... Así que después de limpiar la primera, te sumerges en un tour de la nostalgia, y rememoras los momentos felices pasados con cada una de ellas. Aquella te la dio la abuela, oh sí, esta otra te la dio tu esposa/marido, esta es un regalo de tu hijo mayor, la otra de tu cuñada. La otra la compraste en esa tienda de antigüedades de...Oh, y el papel que la envolvía era tan hermoso... Quizás puede parecerte un chiste, pero es verdad. Los objetos superfluos que no necesitamos, nos distraen de las cosas que queremos hacer, enfrentar.

Quinto, la lista interminable. Cuando tienes cosas en exceso, la lista de cosas por hacer, crece inevitablemente. ¿Cómo esperan que lo hagas todo en un día? Ni siquiera tienes demasiado tiempo para descansar, mucho menos para acortar esa lista. Lo que te provocará una motivación baja para hacerlo, con altísimas probabilidades de fracaso desde antes de que inicies.

Tu cuidado personal no solo es irte a dar un masaje de tejidos profundos, cortarte el pelo, o hacerte la pedicura. Cuidarte no es solo hacer cosas que te hagan sentir bien, sino también hacer aquellas que nos hacen sentir mal al momento, pero que nos proveerán de un beneficio futuro de felicidad, bienestar, o salud.

¿Por qué nos cuesta tirar cosas?

Me llegó la hora de cumplir la primera tarea que John me impuso. Creo que fue de las cosas más difíciles que he hecho alguna vez. Aunque pensaba que no tenía nada valioso, súbitamente, todo fue diferente. No pude hacerlo aquella semana.

Te compartiré algunas de las razones que me impidieron, en un inicio, deshacerme de mis cosas:

1. Valían mucho: aún si estaba pasada de moda, mi ropa de diseñador era valiosa. Mis escarpines favoritos de Chanel, le habían costado en ese tiempo, a mi padre, quizás unos 500 dólares... Lo que era la mitad de mi ingreso de mi empleo en mis años universitarios. La prenda más cara que tenía, un vestido que ya no me entraba ni de broma, había costado 200 dólares. ¿Cómo, simplemente, iba a tirarlo?

2. Me preocupaba que pudiera usarlos en un futuro: ¿Qué tal si adelgazaba, y me entraba de nuevo el vestido? Bien mis blusas podrían ponerse de moda otra vez... Mujer prevenida vale por dos, ¿cierto...?

3. Les tenía cariño: mis objetos significaban experiencias. Un vestido me recordaba aquella vez en el club, me hacían sentir el cariño de mi padre por mí. Casi podía imaginármelo

llamándome "su princesa". Mis cartas antiguas, eran un tesoro de recuerdos. La muñeca de mi quinceañera...

4. Eran mi identidad: Como ya sabes, a mí la ropa en representaba. Dictaba quién era yo. Si las tiraba, entonces, ¿quién sería yo? ¡Eran lo único que tenía! Esta fue mi mayor dificultad a superar.

5. El cariño me hacía sentir culpable: si tiraba esa ropa, que mi padre con tanto esfuerzo me había comprado, ¿no estaría siendo una desagradecida? Si la muñeca de la quinceañera, que significaba tantas cosas en mi familia, iba a parar a la basura, ¿yo era una mala hija y persona? Esto fue dificilísimo, pues me enseñaron que los regalos jamás se regalaban, o desechaban.

6. No quería convertirlos en basura: puede que ya no me sirvieran. No tenían ninguna función práctica, lo sé, pero no eran basura para mí. Sin embargo, por mi bien, tendría que transformarlos en eso. O mínimo donarlos. De todas maneras, como fuera, debía deshacerme de ellos.

7. Tenía miedo del futuro: si los dejaba ir, significaba que estaba moviéndome hacia un futuro incierto, hacia unas circunstancias completamente distintas a las acostumbradas. Me aterraban por completo las consecuencias futuras. Mis cosas me confortaban, me hacían sentirme abrigada. A la manera de los niños pequeños, eran como mi manta de consuelo. Fue especialmente doloroso lidiar con esto.

8. Me sentía abrumada: entendía que luchaba muchas batallas al mismo tiempo. Era tanto lo que debía hacer, que no sabía ni por dónde comenzar. Ya me decía John: empieza a tirar algo. Pero no era tan sencillo, todo mi bagaje emocional de fondo me ponía las cosas más difíciles.

Cuando logré deshacerme del primer objeto, mi vestido de 200 dólares que ya no me entraba debido la pésima alimentación, y mi propio abandono personal, lloré todo ese día. Y el siguiente. Me sentía miserable, una doña nadie. Pasé en numerosas ocasiones frente al escaparate del bazar al que lo doné, arrepintiéndome a cada segundo. Hasta que un día, ya no lo vi más. Entré al bazar, buscándolo con el corazón acelerado. Se había ido para siempre, alguien más lo compró. Me derrumbé, pero John me sostuvo; me ayudó a darme cuenta que yo seguía viva, aquí. Que no habían comprado mi vida, ni mis recuerdos, ni a mí misma. Era un vestido, hermoso, sí, pero solo un vestido. Si hacía las cosas bien, yo sería una profesional exitosa. Si para ese entonces, sentía que necesitaba otro hermoso vestido de diseñador, entonces me compraba otro. Pero en este momento, no lo necesitaba más, y debía darle el adiós definitivo. Más cosas siguieron a este suceso, pero no te aburriré con mi historia de amor con John.

¿Cómo deshacerte de objetos con una gran carga sentimental y emocional?

Los objetos de esta índole, son los objetos más difíciles de los que podrás deshacerte. Ese momento en el que te decides a escombrar, e inicias con tu habitación... solo para darte cuenta que te esperan los zapatos que te regaló tu papá como un obsequio de graduación, con una caja enorme de cartas de tus amigos, con una bufanda que ahora te va demasiado pequeña, pero que tejió tu mamá con sus propias manos.

A mí, el objeto que más me ha costado tirar, en toda mi vida, fue la muñeca de la quinceañera. Lo sé, puede que te suene absurdo, pero déjame explicarte qué significaba la muñeca para mí.

En la cultura de la que proviene toda mi familia, es costumbre que, a las jovencitas, cuando cumplen quince años, se les celebre una gran fiesta. Se invita a toda la familia, a los amigos y conocidos, para que asistan al paso de la jovencita de la niñez, a la adultez. Unos se atreven a insinuar que, en la antigüedad, la quinceañera se usaba para hacerles saber a los hombres que la niña ya estaba en edad de casarse, pero yo prefiero quedarme con el significado más entrañable. Al otorgar el padre la muñeca, significa que la jovencita ya no es más una niña, sino una mujer.

Mi papá, por supuesto, puesto que yo era su princesa, su única hija, hizo un gran alboroto por mi quinceañera. La fiesta contó con trescientos invitados, mucho alcohol para los adultos, y comida exquisita. Se celebró en uno de los mejores salones de la ciudad. Papá hasta me alquiló un carruaje para que me llevara a la misa, y al salón. Los chambelanes fueron mis primos mayores, todos jóvenes y muy guapos.

Fue una ceremonia hermosa, que jamás olvidaré. Después de mi primer baile con mi padre, en el que estuve llorando a mares, él se acercó a la mesa principal para tomar la muñeca. Le robó el micrófono al maestro de ceremonias, y procedió a pronunciar un discurso. Yo seguí llorando porque en su discurso imprimió todo el amor que sentía por mí. Me dijo que quería otorgarme mi última muñeca, pues de ahora en adelante ya no sería una niña, sería una mujer hecha y derecha. Sin embargo, aseguró él, aunque llegara yo a los ochenta años, yo siempre sería su pequeña princesa. Acto seguido, vino hacia mí, y después de darme un fuerte abrazo, me entregó la muñeca.

La muñeca había pertenecido a mi abuela paterna, era muy antigua. Sin embargo, estaba muy bien conservada. Era hermosa, de piel de porcelana y vestido rojo de seda auténtica. Mi abuela una mujer de campo muy pobre, la había apreciado muchísimo durante el tiempo que estuvo viva.

A esta misma muñeca, me enfrenté a la hora de iniciar el escombreo de mi departamento. Mi primer pensamiento, al verla: *consérvala*. Luego, *¡no puedes tirarla!* A continuación, *cometerás un pecado imperdonable si la tiras.*

Pensé todo eso, porque yo sabía el enorme significado que esa muñeca entrañaba en su simple forma material. Cargaba en su pequeño cuerpecito, con el amor de mi padre, con su adoración, con el esfuerzo de mi abuela paterna, con su amor por ella, con el enorme trabajo que le habría costado comprarla en su precaria situación. Cargaba con una *historia completa* que yo estaba disponiéndome a arrojar a la basura, motivada por un tonto colapso nervioso.

¿Sabes cómo reaccioné? Mi calenturienta mente decidió que John era el culpable de todo, así que lo mandé al diablo. No estuvo bien, lo sé, pero mi horror a deshacerme de la muñeca me llevó a actuar de esa forma. Por suerte, John, siendo tan sensible, entendió por lo que estaba pasando; solo me reiteró su apoyo a distancia, su amor, y se retiró caballeroso.

Tuve que digerir durante muchos días, y sesiones de terapia, que estaba cayendo de nuevo en mis ciclos de fijación con los objetos. Después de harto, doloroso trabajo, volví a plantarme frente a la muñeca. Esta vez, yo tenía una cámara a mi lado.

La abracé, agradeciéndole el tiempo que me había acompañado. Le hablé a mi abuela, para decirle que valoraba su muñeca, que entendía su gran amor por ella. Le hablé a mi padre, para decirle que su amor, era de lo mejor que tenía en mi vida. Le tomé varias fotos a la muñeca con la cámara; dejé la cámara en la mesa, acosté a la muñeca en una caja, la sellé, y la puse en la pila que iría a donación.

Seguí llorando mucho, pero un peso en mí se aligeró. Estaba haciendo lo correcto. Además, tenía las fotos, por si algún día me apetecía perderme un poco en los recuerdos de la muñeca. Volví con John para contarle lo que había hecho. Él solo me abrazó, y sentí de nuevo, que había hecho lo correcto.

Estoy segura que tú también, al igual que yo con mi muñeca, habrás tenido, o tienes, objetos así de importantes en tu vida. Un recuerdo de una pareja que amaste mucho, cartas, un broche. Quizás es un objeto de tamaño grande. Pero te has dado cuenta que está impidiendo que avances. Y te duele la simple idea, de deshacerte para siempre de él.

Quiero decirte que es posible. No será fácil, pero cuentas con todo a tu favor para hacerlo. A continuación, te presentaré unos consejos que sin duda te servirán para deshacerte, un poco más fácil, de tus objetos emocionales más apreciados.

• No los mires, apártalos de tu vista. Cuando vemos a los objetos, o a las personas, es más complicado que nos hagamos a la idea de que se irán de nuestra vida. Te recomiendo que los guardes en una caja, donde no queden visibles. Si quieres, para que no se te pierdan, escribe en la caja qué es lo que contiene. Sé paciente contigo mismo, y date un plazo de tiempo razonable para que decidas qué es lo que harás con esos objetos. Si el tiempo pasa, y no pudiste resolver qué hacer con ellos, procede a darte oportunidad de tirarlos sin reprochártelo. En numerosas ocasiones, la culpabilidad que nos hacemos sentir a nosotros mismos, es nuestra peor enemiga.

- Trata de no juzgarte. Esto se liga con el último enunciado del consejo anterior. Solemos ser nuestros peores jueces, lo que es una pena. No te digas a ti mismo 'que deberías de ser capaz de hacerlo', o que estás fallando, o haciéndolo todo mal. No tienes un deber, lo estás haciendo porque quieres estar mejor. No tienes qué rendirle cuentas a nadie. Puedes tomarte el tiempo que necesites, no es una competencia. Sé compasivo contigo, como lo serías con tu ser más amado

- Consérvalo, pero de otra forma diferente. Yo conservé a mi muñeca, de dos formas diferentes: con el corazón, y con algo tangible como lo es una fotografía. No me aferraba al objeto en sí, sino a las memorias, y al significado enorme que encerraba. Yo todavía tengo esas fotos, digitalizadas. Cuando siento la necesidad de mi muñeca, me acomodo frente a mi computadora; siento el amor de mi abuela, el amor de mi padre que en paz descanse. Si quieres, también podrías escribir sobre tus sentimientos respecto al objeto. Una grabación te funcionaría, si eres una persona más auditiva. De esta forma, tus objetos preciados podrán seguirte acompañando, pero de una forma más constructiva, positiva, y enriquecedora

• Escoge los objetos con más significado para ti. Entre nuestros objetos sentimentales, sin duda habrá algunos que porten más energía emocional que otros. Y casi siempre, no estamos listos en ese momento para darles el adiós definitivo. Puede que algunos ciclos no se hayan cerrado, puede que aún tengas asuntos pendientes con ellos. Podrías decidirte a conservar aquellos que tengan más sentido para ti, para ponerlos en exhibición en tu casa, o en tu oficina. Al usarlos de este modo, podrás trabajar en eso que aún te impide deshacerte de ellos. Quizás, cuando menos te des cuenta, habrás disfrutado de todo aquello que el objeto aún tenía para darte. Y así le darás el adiós, con el alma en paz.

Tirar objetos que fueron, o son, tan importantes para nosotros, es difícil. Pero creo que, si abrazas de manera amorosa esta tarea, con la mente en positivo, y agradeciendo a tu vida, a los objetos, todo el amor y alegrías que te concedieron, podrás hacerlo sin mayores problemas. Además, estarás mandándote un mensaje de desprendimiento a ti mismo, para que tu forma de pensar cambie, para que puedas continuar sin tantos problemas con tu viaje minimalista. Puedes verlo también como un entrenamiento minimalista intensivo. Si puedes deshacerte de objetos tan significativos como estos, ¡los demás no te representarán ningún problema! Como ya te he mencionado antes, las personas minimalistas no simplemente dicen serlo, sino que lo viven en todos los aspectos de sus vidas.

¿Cómo me beneficiará el escombrar mi hogar?

Ahora que ya conoces los efectos negativos de la acumulación, y los baches a los que probablemente te enfrentarás... ¿Cuáles son los beneficios de deshacerte de cosas? Porque no solo quiero que sepas las dificultades, quiero que conozcas todas las cosas increíbles con las que contarás a cambio. Te las presentaré a continuación:

1.   *Contarás con más Espacio*: naturalmente, menos cosas equivale a más espacio. Tu creatividad seguro se disparará, y querrá hacer algo útil y positivo con todo este nuevo espacio. Quizás ahora puedas empezar con esa meditación yoga que siempre quisiste probar.

2.   Tendrás más Tiempo: sin tanto quehacer, te sobrará tiempo para usarlo en algo más provechoso: salir con la familia, hacer nuevos amigos, perseguir tus pasiones intelectuales. Quizás, gracias al espacio liberado, ¡puedas iniciar un pequeño negocio!

3.   *Te sentirás más energizado*: por el tiempo ganado y un entorno ordenado, tendrás una

mejor y más positiva actitud, lo que repercutirá fuertemente en tu calidad de vida.

4.	*Estarás más Centrado:* Te resultará más fácil que tu mente no vague cuando miras tus cosas, y te situarás en tu presente. Además, ¡te volverás más creativo!

5.	*Ahorrarás Dinero:* cuando escombras tu casa, no será para volverla a llenar con cosas. Así que comprarás menos, ¡y tendrás más dinero!

6.	*Una Mejor Concentración:* como tendrás menos cosas, tu atención no se centrará en ellas, con lo que liberarás espacio mental. Casi como la memoria RAM de una computadora.

7.	*Paz Incrementada:* conservar el orden en tu casa se vuelve muchísimo menos estresante. Al estar a gusto con tu hogar, te sentirás más feliz, calmado, lo que aumentará tu nivel de paz general.

8.   *Libertad Súbita:* tendrás la oportunidad de llenarte con lo que verdaderamente es importante para ti. Sin la carga de poseer tantos objetos, podrás construir la vida que deseas.

Debo confesarte que me siento impotente, ansiosa. Las palabras no me alcanzan para expresarte en profundidad, de qué manera tan positiva el minimalismo permeará en todas las facetas de tu vida.

Ojalá pudiera grabar mi propia experiencia minimalista en la nube, sacar todo mi contenido mental, emocional y vivencial, para que todos pudieran experimentar, en cabeza propia, las bondades del minimalismo. Pero no puedo...

Así que solo me queda asegurarte que serás una persona más satisfecha con tu realidad. Como por encanto, dejarás de ansiar ese sueño de éxito, poder y riqueza, que el mundo te promete desde que eres pequeño. Los yoguis ermitaños que solo poseen la ropa que traen puesta, empiezan a parecerte las personas más cuerdas que existen. Tus seres queridos, los momentos pasados con ellos, se vuelven las experiencias más valiosas que la vida puede ofrecerte. No lo sé, es curioso. Te vuelves más amoroso, compasivo, *presente*. Los placeres sencillos de la vida, tu propia persona, cobrarán un protagonismo que no podrás ignorar de ninguna manera.

Me atrevo a decir, que, gracias al minimalismo, yo le encontré sentido a mi propia vida. Me volví mía, por mí, y para mí. Cuando me casé con John, seguimos perteneciéndonos a nosotros mismos, pero también a pertenecernos mutuamente. Y cuando llegaron Hailey y Johnny a nuestras vidas, se unieron a poseerse ellos mismos, en conjunto. No me arrepiento para nada de las decisiones que tomé en ese momento crucial, y creo que, si tuviera la oportunidad de vivir otra vez, lo haría de nuevo.

El minimalismo es tu cuestión personal, solo tuya. Será, como el Zen, lo que tú quieras que sea para ti.

Capítulo Cuatro:

¡Empieza con tus nuevos hábitos!

Ahora que ya eres un minimalista de nombre, ¡te toca pasar a la acción!

¿Cómo puedo formar hábitos minimalistas efectivos?

La clave del formar hábitos, como me di cuenta mucho después, reside en la repetición consciente de la acción que conformará el nuevo hábito. Si tú deseas que el escombrar se te vuelva un hábito, entonces no se trata de que cada día tires algo nuevo. Escombrar, es solo una parte de la vida minimalista. Formar hábitos minimalistas, es todo un trabajo integral, mental, físico, y emocional.

Aquí debajo encontrarás nueve consejos minimalistas, con los que podrás empezar a cambiar tus perspectivas de actitud en el día a día.

• *Sé agradecido*. Cada día que te levantes, al abrir los ojos, piensa en tu vida. En todo lo que tienes. En tu trabajo, tu familia, tu casa, tu auto, todo. Si bien puede que no seas un Jeff Bezos, no todos son tan afortunados como tú. Aprecia que tendrás tiempo para hacer cosas. Cuando lo tengas todo en claro, anota cinco u ocho cosas por las que estés agradecido, en una libreta especial que puedas mirar con regularidad.

• *Haz un pequeño ordenamiento matutino.* Mientras te preparas para ir al trabajo, recoge el desorden que puedas. Lava los trastes, limpia los ceniceros, por toda la ropa sucia en el cesto. Despeja de juguetes el camino. Cuando dejas el desorden para después, y no haces ni un poco para solucionarlo en el momento, tu ansiedad solo crece. Esta ansiedad solo podría distraerte durante el día.

- *Escombra con frecuencia.* Lo que no hayas usado en los últimos dos años, ya no lo guardes. Dónalo si está en buenas condiciones, o tíralo al basurero si no lo está. Lo que no ames, tampoco lo conserves. Esto formará en tu mente la idea de que, si no lo necesitas o no es importante, no tiene lugar en tu vida. Dejarás de acumular cosas, y serás más consciente de lo que hagas cuando estés de compras.

- *Hazte cargo de tu correo.* Si ya has recogido el correo, no lo dejes sobre la mesa. Si lo recoges, será para hacerte cargo de él de inmediato. Así evitarás que los papeles se apilen sobre tu mesa, evitarás la procrastinación, y podrás concentrarte mejor en tus tareas.

- *Haz otro pequeño ordenamiento nocturno.* Que la cocina quede en orden, que los niños guarden todos sus juguetes, que la sala y la mesa estén presentables. Así te despertarás en un entorno ordenado. Un desastre, no será lo primero que veas.

- *Acostúmbrate a regalar experiencias.* En vez de comprar en último SuperTonic 3000 para el cumpleaños de tu suegra, regálale boletos para su baile favorito. Regálales a tus niños una membresía para el club de su elección, en lugar de otro juguete exclusivo del que pronto se cansarán. Las experiencias vividas, los recuerdos dulces, serán mucho mejores que cualquier flamante regalo material.

- *Establécete horarios digitales.* Cuando estamos conectados a nuestros aparatos a toda hora, lo único que hacemos es dar pie a distracciones gratuitas, a no estar del todo presentes en nuestra realidad, y al cansancio visual. A partir de cierta hora, declara que inicia el tiempo "Libre de Pantallas".

• *Aprende a decir NO.* Muchas veces, puedes obligarte a decir "sí", cuando querías gritar "no", solo por no ser grosero, o percibido como descortés. Ser minimalista, es también protegerte de actividades, personas u objetos que no te aportan nada.

• *No Procrastines. Ah, sí. Esto es particularmente complejo. "Hoy no, mañana lo hago. Oh, no, lo olvidé por completo; ahorita no tengo tiempo, pero te prometo que lo haré mañana." Mañana, la siguiente semana, el siguiente mes... Nunca. Evita como a la plaga, dejar algo que puedas hacer hoy, para mañana.*

Puede que estos sencillos pasos no te parezcan la gran cosa, pero déjame decirte que son muy poderosos. Uno puede cambiar sus estructuras mentales al hacer cosas diferentes. Es como cuando te dices todo el tiempo que jamás podrás lanzarte en paracaídas de un avión en movimiento, porque eres una cobarde, miedosa gallina. Y entonces, alguien te invita a hacerlo. Ahora estás allí, el avión vibrando a tus plantas, con el mundo a tus pies, ¡debes hacerlo! Gritas, estás aterrado, pero ya estás cayendo. El paracaídas se abre, llegas a salvo a tierra. Te cruza de nuevo el pensamiento de que no podrías lanzarte nunca en paracaídas... ¡Tonterías! Sonríes, ¡acabas de hacerlo! Puede que ahora, incluso, tengas ganas de hacerlo de nuevo en otra ocasión. Pues en este caso, es así, igual de sencillo. Al hacer las cosas, al tener éxito, te motivas a querer más y más. Y recuerda que el éxito de tus nuevos hábitos, dependerá mucho de tu propia motivación.

Organiza tu tiempo y prioridades. La limpieza minimalista

Sigamos. Una parte vital del minimalismo, son los hábitos de la **limpieza**. Sí, lo sé, puede que no te guste. Tengo algunos amigos, cuyos nombres... ¡por supuesto que no te los diré!

Bueno, ellos echan espumarajos por la boca cuando es la hora de la limpieza. No les gusta, me dicen que es harto tedioso, lo más aburridísimo que uno puede hacer.

Bueno, si eres una de estas personas que tienen esta férrea opinión, permíteme al menos intentar cambiártela un poco. La limpieza no tiene por qué ser aburrida, y trataré de comprobarlo para ti.

Si dividimos en días, la limpieza a fondo de nuestro hogar, evitaremos sentirnos abrumados por la cantidad eterna de quehaceres que nos esperan para hoy. Engañaremos a nuestra mente para que piense que, en realidad, no es para tanto. Si además de eso, establecemos actividades rutinarias diarias, con sus respectivos momentos de realización, tendrás tu propio horario armado que te dejará avanzar con mayor efectividad.

Quehaceres diarios

Empecemos por repasar las actividades diarias que podrás realizar para mantener tu casa, limpia y presentable. Todas las tareas son muy importantes, pero, si cuentas con poco tiempo disponible, siéntate a pensar un poco, y elige las más convenientes para ti. Debes elegir *prioridades*, para tu estilo de vida.

Debo agregar para ti que un poco de mi música favorita, a volúmenes altos, a mí siempre me energiza con una corriente de vigorosa alegría; lo que repercute positivamente en mi cenicientesco rendimiento. Como los niños nos ayudan a John y a mí, ya hemos estandarizado el tiempo para cada tarea con ayuda de unos temporizadores en nuestros teléfonos inteligentes. Como los niños no siempre pueden verlos, se han acostumbrado a medir su desempeño por medio de la duración de las canciones. Hailey, mi niña mayor, por ejemplo, puede ocuparse del espacio de Jorgito, nuestro perro chihuahua, en cinco canciones de Sígur Rós. Johnny, aún a su corta edad, guarda sus juguetes desperdigados, ¡en tan solo diez minutos! De verdad, la música es una excelente idea. ¡Deberías de probarlo tú también con los tuyos!

1. *Saca la basura de la cocina, los baños, y demás contenedores de basura en tu casa.* Un basurero lleno, o medio lleno, genera olores desagradables. Además de verse horrorosa, la basura puede atraer bichos y alimañas.

2. *Limpia y despeja siempre las superficies.* Bueno, no necesito decirte lo que pasa cuando dejas restos de comida en la mesa o las bases de la cocina. En el caso del baño, es menos apremiante, sí, pero no quita que el desorden te robe tu paz y tranquilidad. Así que hazlo sin falta.

3. *Lava los trastes.* Si tienes grifo y tina, pues ya sabes lo que debes hacer. Si cuentas con un lavaplatos programable, puedes ajustarlo para que lave la vajilla cuando tú quieras. Por ejemplo, por la noche, para que por la mañana todo esté

listo para guardarlo en su sitio. ¡Así matas dos pájaros de un tiro!

4. *Hazte cargo de tu correo.* ¿No tienes un deja vú? Esto es parte de los hábitos minimalistas. Cuando te haces cargo de tus papeles nada más llegan, evitas que se reproduzcan como por mitosis sobre la mesa, y previenes el desorden.

5. *Despeja el interior de tu auto.* Cada día después del trabajo, saca de tu auto, y guarda, lo que no pertenezca allí: juguetes, zapatos, ropa, las galletas del perro, etc. Así, tu auto no lucirá como si vivieras en él, te dará menos vergüenza darle un aventón a alguien, y estarás más relajado y satisfecho.

6. *Lava una carga de ropa al día cuando tengas la oportunidad.* Esto podría servirte para los días en los que te encuentres más ocupado. No hay nada más terrible, en un día de junta importante en la oficina, que no tener nada que ponerte porque toda tu colada está sucia.

7. *Barre o aspira el piso.* Yo detesto pisar migas, ¿tú no? Lo peor es que se adhieren a tus suelas, y luego hay migas de galletas oreo hasta en el dormitorio. Comprendí que un paliativo a esto, cuando tienes niños amantes de las oreos, que se rehúsan a comerlas en la mesa, es aspirar a diario el piso. Si lo haces, la suciedad no tendrá oportunidad alguna de acumularse.

8. *Cuando cocines, lava de inmediato lo que termines de usar.* Así será más fácil que lo ordenes todo cuando termines, y no te parecerá pesado.

9. *Da una manita de gato a los baños.* Si cuentas con cepillos para los inodoros junto a la taza del baño, esto es excelente para hacer esto.

10. *Ordena el lugar de tu mascota.* No todos tienen mascotas; aun así, sé que no puedo saltarme este importante aspecto. Ordena su plato, su bebedor de agua, su cama. Limpia muy bien su sanitario designado. Si bien no pueden decirnos nada con palabras, nuestros amigos

animales también si incomodan si su espacio no está en condiciones aceptables. Y no queremos que se sientan infelices. Si posees razas de animales que suelten mucho pelo, convendría aspirar diariamente sus camas, y los sofás en los que pudieran sentarse.

Repito: de todas estas actividades diarias, elige bien aquellas que sean prioridades. Dependiendo el corte de la actividad, deberás disponer para cada una, de un momento en el día para realizarlas. Yo te sugeriría que las tareas de orden definitivo, las dejes para la noche, cuando ya hayas vuelto del trabajo, y todos estén en casa. Además de que podrán echarte una mano, evitarás tener que hacerlo dos veces. La ropa, podrías ponerla por ejemplo por la mañana, antes de marcharte a la oficina, ya que es una actividad que no requiere de mucho esfuerzo. El correo, de igual manera, por la mañana; si el tiempo apremia, puedes leerlo mientras desayunas. Al terminar, si es que no cuentas con un lavaplatos, puedes lavar todos los trastes del desayuno. Lo de las mascotas, lo dejo por completo a tu criterio. ¡Tú tienes el control de tus decisiones!

Quehaceres semanales

Estas serían las actividades más elaboradas, que deberías reservar para los fines de semana, cuando se suele tener más tiempo libre. Al igual que con las actividades diarias, elige aquellas prioritarias para ti, elévalas al inicio de tu lista, y asígnales una hora del día para realizarlas. Igualmente, recomiendo por completo el uso de música. Si está toda la familia, pueden variar entre los diferentes gustos musicales, para que la tarea se vuelva más amena para todos.

1. *Lavar la ropa de cama.* Como seguro sabes, en nuestra cama coexiste un florido ecosistema: piel muerta, ácaros, saliva seca, puede que microorganismos microscópicos... No suena lindo; de hecho, es asqueroso. Es conveniente que laves esto, una vez a la semana. Como verás, el fin de semana es conveniente, porque no tienes

que ir a la oficina, y dispondrás de tiempo para quitar y lavar todas las sábanas.

2. *Aspira las camas de las mascotas, lava si es necesario.* Si el punto diario del pelo de las mascotas no se cumple, puedes hacerlo semanalmente.

3. *Desempolva todos los muebles.* Aprovecha para limpiar a fondo, el polvo de todos los muebles. Te recomiendo usar productos que te ayuden a cubrir tus muebles con una película antipolvo, y te ayuden a proteger el material del que están hechos.

4. *Friega todos los pisos.* Esto es necesario. Pese a que la aspiradora es un aparato mágico maravilloso, no elimina las manchas del piso.

5. *Limpia el refrigerador.* La comida no suele durar mucho tiempo, aún si está refrigerada. Si hay algo allí el fin de semana, que lleva más de cinco días, es mejor echarlo a la basura. Sacar las piezas divisorias, es buena idea para barrer con

todos los desperdicios que hayan podido caer en las rendijas.

6. *Asea las ventanas y persianas.* El inconveniente de las persianas, es que acumulan polvo con facilidad. Sé que esto no es fácil, pero asegúrate de hacerlo, por lo menos, dos veces al mes. Así la luz natural podrá entrar a tu casa, y todo lucirá más brillante.

7. *Lava las almohadas y mantas.* Al igual que sucede con la ropa de cama, estos objetos podrían ser hogar de ecosistemas no deseados. Asegúrate de leer bien las etiquetas, antes de arrojarlo todo a la lavadora.

8. *Lava a fondo los baños.* El baño es el lugar en el que nos aseamos; sin embargo, en ocasiones, llega a ser el sitio más sucio de la casa. El uso de productos contra el sarro, contra el crecimiento de hongos, es una idea excelente.

¿Lo notas? Puedes ahorrar mucho tiempo si coordinas bien las actividades.

En la mañana podrías lavar todo lo que tenga que ver con la ropa de cama, para darle tiempo a secarse. Mientras todo se seca, puedes iniciar con la eliminación del polvo, y las manchas de los pisos, así como los baños. Después de la comida, puedes continuar con la limpieza de la nevera. Para este entonces, la ropa de cama ya debe estar lista y seca.

Insisto, si tienes ayuda, ¡todo sería mucho más rápido! Solo piénsalo: todos trabajando en conjunto, compitiendo entre sí con ayuda de un temporizador para medir el tiempo de las pruebas... El ganador al mejor desempeño en cada área se gana la golosina gigante de su preferencia... Te lo digo por experiencia, son nuestras esperadas competiciones semanales. ¡Tú también podrías tener montones de diversión a rabiar!

Quehaceres mensuales

Por la cantidad de movimientos que tendrás que ejecutar para llevar a cabo estas tareas, es natural que busques hacerlas solo una vez al mes, como mínimo. Serán las tareas más pesadas.

1. Lava las cortinas, y demás telas decorativas. Todos estos objetos acumulan mucho polvo, aunque en ocasiones no se note a simple vista. Se vuelve especialmente importante, cuando alguien de tus seres queridos que viven contigo, sufre de alguna afección respiratoria que se active por causa del polvo.

2. Lava las alfombras. Este tipo de decoración es maravillosa, pero es hilarantemente sencillo lo fácil que se ensucian las alfombras. Así que asegúrate de lavarlas a fondo para eliminar todos los residuos que estén en ellas. Si no pudieras contratar un servicio de limpieza profesional, puedes hacerlo tú con un poco de bórax y sosa cáustica a partes iguales. Ten mucho cuidado si lo haces tú mismo, y aspira al finalizar.

3. Limpia y ordena el garaje. Como no es tan primordial como la cocina, por ejemplo, y usualmente se usan para almacenar cosas adicionales al auto, podrás dedicarle tiempo una vez al mes.

4. Organiza tus armarios y vestidores. Por el uso diario, es fácil que estos muebles de almacenaje queden hechos un desastre. Como son tareas que llegan a absorber una cantidad importante de tiempo, asegúrate de hacerlo, por lo menos, una vez al mes.

Para realizar estas tareas, yo recomiendo designarles su día especial y exclusivo, ya que requieren de atención, de cierto esfuerzo físico. Y sería genial si pudieras repartir las tareas entre tus ayudantes, de acuerdo a las inclinaciones particulares de cada uno.

Como podrás darte cuenta, el éxito del minimalismo llevado a la práctica de la limpieza y la organización, no consiste en nada más que una logística excelente. Debo recalcarte que esto no es más que una guía para que sepas cómo puedes comenzar.

El armado de tu propio plan, la selección de tus prioridades, y la organización de los horarios, son cosas que te corresponden por completo a ti. Te recomiendo que este plan, lo escribas en papel, y lo cuelgues en algún lugar posible. Así podrás consultarlo cada que lo necesites. Además, podría disparar la curiosidad de tu familia, en especial la de los más pequeños. En el siguiente capítulo te daré algunos consejos sobre cómo puedes animar a que tus seres queridos se unan a tu propósito minimalista, y del mantenimiento en conjunto de tu hogar.

Capítulo Cinco:

Cómo tu familia puede ser minimalista

En una familia sana, cada uno de sus miembros piensan de formas distintas. Ven el mundo de maneras diferentes, y valoran cosas de determinada índole. Cuando John y yo decidimos que queríamos tener niños, prometimos que les daríamos la mejor vida posible. Y por la mejor vida, posible, sabrás que no nos referíamos a una réplica de nuestras vidas. Teníamos un mejor regalo para darles.

Es absolutamente posible que tú abordes el minimalismo, como un pequeño proyecto familiar. A los niños, sobre todo, si se usan las palabras correctas, se sentirán muy especiales al saber que deseas que formen parte de un proyecto secreto y especial. Primeramente, para iniciarse en este ambicioso proyecto familiar, es esencial que se tengan dos objetivos positivos en mente. Katie Wells, autora del blog Wellness Mama, y madre de familia de ocho (2018), sugiere dos puntos que, a mi parecer, son críticos:

- Tengan claro qué es lo que valoran como familia
- Identifiquen qué es lo que se interpone para lograrlo, y qué cosas impedirán que lo ataquen para vencerlo.

Lo que nos lleva a un punto vital: para lograrlo, la

comunicación será tu mejor amiga. Wells, en su artículo, nos presenta la opinión del minimalista Joshua Becker, padre de familia. El experto minimalista tiene un pequeño quiz para ayudarte a ti, y a tu familia, a que noten qué es aquello importante. Este sería el primer paso.

1. *¿Cuál es aquella actividad en la que invierten tiempo, que no es de mucha utilidad real? Si la realizaran menos, ¿podrían soportarlo?*

2. *Piensa en un quehacer que odies. ¿Hay alguna manera de deshacerse de esa cosa, de modo que no tengas que hacer más ese quehacer?*

3. *Si tuvieras que dejar para siempre tu casa, sin nada más que una mochila, ¿qué te llevarías? (Serán tus esenciales)*

4. *Si minimizaras algo, ¿qué maximizarías? Piensa en tus vacaciones familiares favoritas. ¿Qué harían si tuvieran menos qué hacer, y más dinero en el banco?*

Me encanta este quiz, ¡de verdad que ayuda a poner las cosas en perspectiva! Además, sería una dinámica divertidísima la retroalimentación de respuestas de cada uno. La hoja de respuestas debería ir pegada en un sitio que todos puedan ver, como un motivador visual, y un recordatorio de lo que nos mantendría firmes en el camino.

Como segundo paso, es necesario que tú y tu familia abandonen las actividades que les hacen perder tiempo. Por ejemplo, el mirar la televisión. No pretendo satanizar a la mal llamada "caja idiota", pero creo que estarás de acuerdo conmigo, en que mirarla pasivamente no es una ocupación fructífera y constructiva. Esto incluye también a los juguetes que aporten tanto como la televisión.

Como tercer paso, es recomendable que te olvides, por lo pronto, de organizarlo todo. Lo malo de la organización, cuando tienes demasiadas cosas, es que solo sirve para que todo esté mejor acomodado, para que luzca lindo. En realidad, no soluciona a fondo el problema.

Deberías de enfocarte primero en deshacerte de todas las cosas que no necesitan como familia.

El cuarto paso, es empezar a escombrar. Naturalmente. Para que nadie tenga la sensación de que es un aburrido quehacer más, después del escombreo, salgan a cenar, a tomar un helado, ¡a hacer algo memorable juntos, como familia! Recuerda que las experiencias, en vez de los objetos, son más valiosas en una vida minimalista.

Como quinto paso... ¡Dejen de comprar cosas! Si están deshaciéndose de objetos, pero entonces compran más de lo que tiras, eso no va a llevarlos a ninguna parte. Sería como el cuento de nunca acabar. Recuerda, compras sabias, solo lo necesario. Si lo ves prudente, al comprar un objeto, desháganse de otro de similar tamaño que entre en la misma categoría.

Cuando tienes niños, tu ejemplo es importantísimo. No puedes querer que tus hijos sean minimalistas, si tú mismo no lo eres. Así que asegúrate de ser esa persona que quieres que tus hijos sean.

Sobre todo, siempre, *comuníquense*. SIEMPRE. Sin excepciones. La comunicación hará que todo funcione bien.

Capítulo 6:

Técnicas de escombreo minimalista

¿Recuerdas cuando, en capítulos anteriores, el minimalismo nos daba unas vibras de Zen?

Lo que me encanta del minimalismo es que, como sucede en el Zen, no hay una *forma correcta* de llevarlo a cabo. El minimalismo no es como estudiar historia: ya te has aprendido de memoria todas las fechas correctas, así que ahora toca contestarlas todas correctas en el examen. Si te equivocas en una sola, saldrás mal evaluado. Si te equivocas en muchas, reprobarás, y habrás fracasado en la materia.

No, no. El minimalismo no es rígido, ni hay una sola, única, fórmula correcta. Siempre lo he dicho, que se trata de un proceso personal. La historia de John, por muchos parecidos que pudiera tener a la mía, no era igual a mi experiencia. Nuestros sentimientos no eran los mismos, así como estoy segura de que tus motivaciones, y las mías propias, no serán las mismas. Pretender que solo existe un método y forma válidas, de vivir el minimalismo como estilo de vida es, perdóname, una reverenda, arrogante tontería. El minimalismo es indulgente, se adapta a las condiciones de cada persona. Se sobreentiende que no somos perfectos. La palabra 'fracaso' no existe en el vocabulario del minimalismo. Podrás tropezarte numerosas veces, pero eso no quiere decir que eres el peor, y que es mejor que lo dejes porque no sirves para ello. Considero que uno, cuando transita por este largo camino, a la manera de los vinos en añejamiento, solo puede mejorar.

Así que seguro no te sorprenderá nada averiguar que existen muchos métodos minimalistas para deshacerte de los objetos. Sobre gustos no hay nada escrito, para gustos hay colores, la belleza está en el ojo del espectador. En nuestra materia que nos concierne, todo esto nos quiere decir una única cosa: tienes la libertad de elegir el método que mejor resuene contigo mismo.

Con mucho gusto, te presento a continuación... ¡Las Ocho Técnicas de Escombreo Minimalista más Populares del Momento! De verdad espero que te sean útiles, y encuentres aquella que cubra todas tus necesidades personales.

Método KonMari

Desde aquella serie que Netflix lanzó junto a Marie Kondo, estoy segura que has oído hablar mucho de esta autora japonesa.

Ahora, en lo que Marie Kondo quiere te concentres con este método, no es en lo que vas a tirar a la basura, sino en lo que quieres conservar en tu hogar. Quiere que te preguntes si el objeto en cuestión te causa alegría. Bastante *kawaii*, ¿no?

Debes enfocarte por categorías de objetos, en lugar de concentrarte en habitaciones específicas de tu hogar. Si los objetos resultan estar en lugares diferentes, entonces deberás desplazarte para hacerte cargo de ellos de una buena vez. Esto te permite visualizar todos los objetos, incluso aquellos que no sabías que tenías. Darte cuenta de su número, te ayudará a tener una perspectiva mejor sobre cuáles son los que conservarás. El KonMari te permite perfeccionar tus habilidades de escombreo con los objetos menos conflictivos, antes de que pases con los pesos pesados: los objetos con valor sentimental.

Lo que me encanta a mí del KonMari, es su enfoque positivo. Puedes moverte a hacerlo con más facilidad cuando te enfocas en los puntos positivos de tus posesiones. Siento que te permite tener una perspectiva más amplia de lo que quieres para ti; los objetos que conserves, sin duda, te harán conocerte mejor. Apreciaremos más los objetos que se queden con nosotros, y seremos más agradecidos con los objetos que ya cumplieron su vida útil en nuestras vidas. Recuerda que parte de ser minimalista, es ser agradecido con lo que tenemos, y que al rodearnos de lo que amamos, apreciamos más nuestro presente.

La desventaja que le encuentro a este método, es que el tour por las habitaciones, para localizar a todos los objetos de cada categoría, puede que te consuma algo de tiempo, o quizás puedas sentirte muy abrumado. También, puede que se activen tus mecanismos de defensa, y empieces a decir que todo lo que ves te produce alegría, cuando no es cierto. Así que será mejor que lo hagas cuando tengas bastantes horas a tu disposición, y estés en paz.

Método del juego minimalista

Nicodemus y Fields Millburn, un par de minimalistas expertos que tienen un popular blog, decidieron que escombrar no tiene por qué ser una tarea fúnebre y aburrida, en la que probablemente eches mano frecuente de la caja de pañuelos debido a las emociones encontradas.

¡Ellos convirtieron el escombreo en un juego! Incluso, los participantes que lo juegan, cuentan su propio hashtag #minsgame en las redes sociales.

El método del juego minimalista funciona así: Los días del mes tienen número, ¿cierto? Entonces, si empiezas en el día primero del mes (cosa que te recomiendo encarecidamente), debes deshacerte de un objeto. Al día dos, te deshaces de dos objetos, y así sucesivamente: por eso te insisto que es mejor empezar en el día uno. Antes de que te des cuenta, te habrás deshecho de muchísimas cosas que no necesitas. Si lo haces con uno, o varios compañeros, ¡se vuelve doblemente, triplemente divertido!

Lo que me agrada del Juego Minimalista, es que es fantástico para deshacerte rápidamente de muchas cosas. Imagina, por ejemplo, un abarrotado garaje. ¡Podrías terminarlo en menos de un mes! Además, el plus de mantenerte al corriente con el juego, te permite enfocar más tu mente en la tarea del escombreo, pues debes ser certero y veloz cuando la dificultad comience a aumentar en serio.

Lo que no me gusta... Bueno, conforme la dificultad aumenta, si cuentas con un horario muy apretado, puede que te resulte complicado seguirle el ritmo. Cinco objetos no son mucho, pero... ¿20? ¡¿31 en los meses impares?! Será un ritmo frenético, y, yo, personalmente, prefiero un escombreo tranquilo, sin prisas, sin estar a contrarreloj. Es una presión que no me gustaría imponerme para nada en una tarea tan íntima.

Método de las cuatro cajas

Este método es perfecto para cuando necesitas uno que te permita escombrar por tiempo indefinido, con la frecuencia que tú lo necesites. Es ideal para tomar decisiones rápidas en cada una de las habitaciones que vayas escombrando.

¿Cómo funciona? Debes tomar cuatro cajas, o canastas, o lo que sea que tengas a la mano, y las etiquetarás con las leyendas:

Relocalizar: todos los objetos que quieras conservar, que no pertenezcan al área que se encuentran a la hora del escombreo, irán en esta caja. Después podrás asignarles su lugar correspondiente.

Para donar: objetos que ya no desees conservar, pero que se encuentren en buenas condiciones para ser usados por otras personas, irán en esta caja. Podrás llevarla a los bazares o tiendas de beneficencia.

Para vender: Esta caja es para los objetos de valor que ya no quieres, pero que podrías vender a buen precio en sitios de venta en línea. Se recomienda que los pongas en un límite de veinte dólares, pues si no puedes venderlos mínimo a ese precio, no valdrá la pena el proceso subsiguiente de embalaje y envío.

A la basura: Aquí van los objetos que ya no quieres, que no servirán para donar, ni para vender, debido a las malas condiciones en las que se encuentran. Como un tip de sostenibilidad: se recomienda que separes la basura en reciclable, y no reciclable. Al deshacerte de cosas, ¡estarás contribuyendo al mismo tiempo al cuidado del medio ambiente!

Lo positivo de este método, es que te permite estar más al corriente de a dónde irán tus objetos. Al darte cuatro opciones para colocarlos, evita que te sientas abrumado por la toma de decisiones. Siempre es mejor un examen de opción múltiple, que uno de pregunta abiertas,

¿no? Además, te ahorrará tiempo cuando lleves la basura, pues todo estará ya en una caja.

Lo malo de este método, es que no te da precisamente una pauta, como el Konmari, sobre dónde puedes empezar con tu escombreo. Y te termina limitando a una de dos sopas: qué conservarás, y qué tirarás.

Método de la fiesta del embalaje

Ryan Nicodemus y Joshua Fields Millburn vuelven a hacerlo con otra nada ortodoxa propuesta de escombreo. ¡Debo advertirte que es extremo, y no es para inseguros!

El método de la fiesta del embalaje consiste en guardar en cajas, todas tus posesiones. Conforme vayas necesitando algo de lo que esté dentro, solo puedes sacar un objeto. No dos, ni tres. Solo uno a la vez. Unos no se ponen de acuerdo sobre si son diez meses, o sin son 21 días. Supongo que puedes elegir el plazo que mejor te parezca. Ya sean tres meses, o veintiún días, debes enfrentar a los objetos que hayan quedado dentro de la caja. Así decidirás qué de eso, se queda o se va a venta, donación, o a la basura.

Lo que adoro de este método, es que es buenísimo para cuando estás a punto de mudarte a otra casa. Es excelente para deshacerte de una buena vez, de todo aquello que no utilizarás en tu nuevo hogar. Además, al no tener presentes a los objetos de dentro de la caja, como en una especie de Contacto 0, te resultará más fácil que te desprendas de ellos al final.

La mayor desventaja que le veo a este método particular, es que no tendría mucho sentido si no vas a mudarte. O sea, si ya de por sí tienes un horario ajetreado, no vas a perder el tiempo hurgando en las cajas para poderte vestir para el trabajo. Sí, bueno, supongo que es muy efectivo, pero poco práctico.

Método de los ganchos

Este método, lo he encontrado buenísimo para escombrar mis armarios con regularidad, y para deshacerme de ropa que ya no uso. A pesar de mis esfuerzos minimalistas, cuento con una debilidad por la ropa bonita, así que este es mi talón personal de Aquiles.

Te contaré en qué consiste.

Descuelga toda tu ropa, y vuelve a colocarla en los ganchos, pero con la punta de la curva apuntando hacia ti. Al revés, podrías decir. Puedes separar la ropa de acuerdo a la temporada, pues no podrás ponerte abrigos en verano, ¿verdad? Entonces, declara un período de seis meses, o un año. Cuando te pongas una prenda, vas a ponerla en el mismo gancho, pero ahora con la punta apuntando hacia el fondo, es decir, como sucede normalmente.

Las prendas que sigan con el gancho apuntando hacia ti, serán las que decidirás si venderás o donarás.

Este método es muy sencillo de realizar, porque no ocupa mucho tu atención. Solo tienes que esperar a que se cumpla el plazo elegido. Además, te ayuda a traer atención a las prendas que usualmente son olvidadas, y a ponerte tus conjuntos favoritos.

La desventaja que le veo, es que, si no tienes muchas prendas que requieran ser colgadas, probablemente no sea muy útil para escombrar tu guardarropa. Tampoco funcionará si no tienes mucho espacio para colgar.

Método del 12-12-12

Este método, concebido por el minimalista Joshua Becker, consiste en encontrar, diariamente, doce objetos para donar, doce objetos para tirar, y doce objetos para relocalizar en sus sitios adecuados. Sé que no suena muy divertido, lo sé, pero espera. Becker dice que es inevitable, cuando vives con más personas, que este tipo de escombreo se convierta en una competición aguerrida. Él mismo admite que compite contra su esposa, y que a veces también se les unen los niños.

Cuando lo observas bien, la verdad es que sí que es todo un reto. No debe ser nada sencillo cumplir con la meta diaria de doce.

Lo que me agrada, al igual que el método del juego minimalista, es que podrás avanzar muy rápidamente en tus objetivos con este tipo de escombreo a gran escala.

Lo que no me gusta... Creo que tengo una preferencia personal por los escombreos más tranquilos. Los menos, eh, competitivos, frenéticos. Siento que puede resultar demasiado difícil cumplir con una meta tan elevada, diariamente, en especial si tu horario no te lo permite.

El método de las 365 cosas menos

Esta técnica es ideal para iniciar el año nuevo con el pie derecho. Como su nombre lo indica, esta técnica de escombreo consiste en deshacerse de una sola cosa, cada día del año. Lo que sumaría un total de 365 objetos vendidos, tirados o donados, menos, en tu hogar. Suena bastante sencillo.

Lo que me fascina de este método, es que es muy amigable, pues te permite deshacerte poco a poco de tus cosas, sin necesidad de medidas radicales de borrón y cuenta nueva. Sería ideal para las personas que no cuentan con tanto tiempo disponible para el escombreo.

La única falla que veo en este método, es que, si necesitas una solución urgente para tu problema de acumulación, esta no es la técnica adecuada para ti. Además, la verdad es que es un método un poco desorganizado. Yo, por ejemplo, necesité de un método pautado de escombreo para iniciarme en la construcción de mis hábitos minimalistas. Un método como el de las 365 cosas, no me hubiese ayudado mucho para empezar.

Método zen de los cinco minutos

Antes de iniciarte en esta técnica, primero necesitarás hacerte a ti mismo, un par de preguntas.

Si tienes poco tiempo para el escombreo, pregúntate: "Ya que tengo poco tiempo par hacerlo, ¿cuál sería la acción única que tendría más impacto?", o "¿qué puedo hacer en cinco minutos, que hará una gran diferencia en mi entorno?". Estas preguntas detonantes te llevarán de inmediato al quid de la cuestión, y podrás hacer mucho, en poco tiempo. Lograrás paz, serenidad, y una sensación de satisfacción tremenda, sin agobiarte ni gota. Además, te enfocarás en vivir tu presente, con acciones que impacten en el ahora; esto es una característica del Zen, de allí su nombre.

Un consejo que da el minimalista Leo Babauta, es que también podrías tomar cinco objetos que uses con frecuencia, diariamente, pero que siempre están en lugares inadecuados. La idea, es encontrarles su lugar de pertenencia. Tomarse esos cinco minutos para pensar en un lugar bueno y, de allí en adelante, regresarlos al lugar designado cada vez que se usen.

Este método es muy sencillo, además de que cuenta con un punto muy importante: la motivación. Cuando ves que en cinco minutos puedes hacer una gran diferencia, te animas cada día a incrementar la cantidad de tiempo que pasas escombrando y ordenando. Además, es ideal en sitios como la oficina, en los que realmente no tenemos tiempo para ordenar, pero sí para sufrir los efectos de un escritorio abarrotado y desorganizado.

La desventaja de esta técnica, radica en que tendrá un impacto muy bajo, en hogares u oficinas, que se encuentren literalmente enterrados bajo capas de objetos, o basura. Sería mejor si primero se atacan las zonas con otros métodos más agresivos, y después se mantienen a punto con esta técnica.

Tú eres libre. Tú eres sabio

Te reitero lo que mencioné al principio de este capítulo. No hay método perfecto, ni ideal, ni correcto. La técnica que elijas, dependerá de las necesidades que *tú* necesites ver cubiertas. Nadie te conoce mejor que tú, así que nadie es más sabio que tú mismo, en tus propios asuntos. Te animo por completo a que experimentes, te diviertas, te equivoques, aciertes, y aprendas, en tu camino para una mejor vida. La práctica hace al maestro, y esto es bien cierto aquí también.

Lee mucho, infórmate de las novedades del mundo minimalista. Puedes unirte a los grupos minimalistas que encuentres en línea, para compartir ideas, aprender datos nuevos, o simplemente platicar tus experiencias. Siempre busca nuevos métodos cuando te aburras de los viejos, y así alimentarás aún más la chispa de tu motivación.

¡Todo el mundo minimalista te espera con los brazos abiertos!

Capítulo Siete:

Escombrando tus habitaciones.

Áreas abiertas a las visitas

Si es que nunca has escombrado, ¡ha llegado el momento de la verdad!

Creo que escombrar es uno de los retos más difíciles para el minimalista incipiente. Es el punto de no retorno, entre un verdadero cambio, y una situación a medias que no repercutirá hondamente en tu vida. La verdad, te tengo mucha fe. Si has llegado hasta aquí, es porque definitivamente quieres un cambio real en tu estilo de vida.

Yo sinceramente creo, que cada habitación debería de tener un propósito específico. No me gustan mucho las combinaciones de gimnasio y cuarto de lavado, o de sala de estar y cocina. Desde mi experiencia minimalista, cuando las fronteras de utilidad de cada habitación se encuentran difuminadas, es más fácil que caigan ahí, objetos que no pertenecen a ese sitio. Es como si nuestro cerebro, de manera inconsciente, nos diera permiso para "romper las reglas".

A continuación, te presentaré puntos importantes a tener en cuenta a la hora de escombrar, una por una, las habitaciones de tu hogar. En este capítulo, nos centraremos más bien en las estancias que están abiertas a las personas externas: la cocina, las áreas comunes como el patio, el porche, las salas de juegos, y la sala de estar. La sala de estar es principalmente importante, pues da la primera impresión de los habitantes que viven en la casa.

Como ya conoces todo lo que hay que tener en cuenta a la hora de escombrar; sin más que yo pueda agregar, ¡comencemos!

Escombrando tu cocina

Nuestra cocina tiene una condición especial, los alimentos que preparamos diariamente generan residuos; por ende, es importante que garantices, además del orden y la limpieza, una adecuada desinfección. Ahora bien, además de la limpieza, hay un factor mucho más importante. Tu cocina debe hacer que te *sientas feliz al usarla*. Que sea un motivo de alegría el cocinar, y su limpieza, mantenimiento, estén llenos de sentido.

Como ya te he dicho, puede que no te guste limpiar; puede que lo adores, y sea una de las cosas en particular, que te proporcione paz. Sea como sea tu caso, es un hecho que los utensilios se ensucian. Si los dejamos reposar en la tina, sin lavar, se nos hace cada vez más difícil retomar el hilo para lavarlos. Es aquí, por culpa de la procrastinación, que la limpieza puede volverse engorrosa, aburrida, insoportable. Y si perteneces a la categoría de personas que detestan limpiar, habrás creado para ti mismo, el martirio perfecto. Como ya sabes, te conviene entonces que laves todo apenas termines de usarlo.

Los olores de la cocina son importantísimos. Por desgracia, estamos a veces tan distraídos, que no les prestamos la atención suficiente. Un aroma agradable hace también que experimentemos sensaciones positivas, y querramos cocinar cosas deliciosas. Si no sacas la basura, o limpias como es debido, te encontrarás invitando a un ecosistema que, créeme, no querrás tener. Este punto específico mantiene una estrecha relación con la optimización, y el manejo de los espacios. En ocasiones, tenemos la tendencia a dejar alimentos, envases de plástico, cajas y otros objetos, por fuera de los cajones o las estanterías de la cocina. No falta que algo se derrame por descuido, y ahora hemos pasado a complicarnos la organización, limpieza, de nuestra cocina.

Un espacio de cocina organizado, estoy específicamente hablando de la despensa, nos permite tener presentes las fechas de caducidad de los alimentos almacenados allí. Si tenemos un pandemónium allí dentro, será prácticamente imposible que naveguemos a salvo por nuestra despensa. Por no hablar de que corremos el riesgo de cocinar con alimentos vencidos. Eso es peligroso, además de asqueroso. Además, de que muchos alimentos buenos podrían echarse a perder si no estamos al corriente de lo que tenemos. Creo que conviene que escombres tu despensa con regularidad, manteniendo sólo lo que vayas a usar, y tires lo vencido, o lo que haya llegado allí por azares extraños del destino. Relocaliza todo lo que no pertenezca allí. Como te quedará más espacio, estoy segura, podrás usarlo para almacenar más comida, o utensilios culinarios.

Es normal que, con el tiempo, el pasar de las navidades y los cumpleaños, acumulemos una gran cantidad de utensilios. Algunos estarán rotos, otros no lo usamos. Unos más, estarán repetidos. En el extremo de los casos, si provienes de una gran familia nostálgica, como la mía, puede que hasta te topes con la cuchara herrumbrosa favorita de tu bisabuela. Si bien muchos de esos instrumentos están perfectamente funcionales, no necesitas treinta cucharas. Ni veinte cacerolas. Si en tu hogar viven tres, cuatro personas, pero la cocina de un castillo medieval no tiene nada que envidiarle al equipamiento cocineril de la tuya, tienes mucho, muchísimo qué escombrar... Pregúntate si tus sobrantes serán buenos para donar, o si puedes sacarles algún dinerillo.

No es nada raro que tengamos una vajilla especial guardada para eventos especiales, y no para nuestro día a día. Ya sabes, la porcelana de china, y la cubertería fina de plata. A veces, este tipo de utensilios que sólo utilizamos en contadas ocasiones, nos ocupan un espacio considerable. Puede que te suceda, que no te llega esa ocasión especial para presumir tu cuchillería fina. Plantéate, con toda la sinceridad posible, si en realidad vale la pena conservarla. Si tu respuesta resulta ser un no, ¡ya sabes cómo proceder!

Siendo un minimalista, sabrás cómo es que deben ser tus hábitos de compra. No temas adquirir solo los alimentos necesarios. Si no hay peligro de una hambruna, o noticias de una crisis, entonces no te concentres en rellenar tu búnker (despensa) con enlatados o no perecederos. Establece bien las necesidades de tu familia, según el número de miembros, y *compra sabiamente*.

Acciones clave para la cocina

1. Empieza a escombrar por zonas. No cargues todo entre tus brazos. Prueba a ir mueble por mueble. Primero las cabinas superiores, luego las inferiores, o viceversa. Luego el interior del horno, luego la despensa, luego los cajones uno por uno. Te ayudará a que sepas por dónde

empezar para que no te abrumes. Escombrar la cocina puede ser todo un reto.

2. Hazte preguntas para cada uno de los objetos. ¿Lo uso?, ¿cada cuando lo uso?, ¿cuántos tengo?, ¿si no lo tuviera, lo compraría hoy mismo?

3. Ten en cuenta el decorado de tu cocina. Puede que esa garrafa decorativa esté muy mona, pero no pegue con la decoración. Identifica bien qué clase de cocina quieres tener.

4. Relocaliza todo lo que no pertenezca allí. Libros, juguetes, correo, etc.

5. Usa colgadores. ¡Así podrás optimizar el espacio de tu cocina!

6. Sé observador. Puede que estés comprando demasiados productos para limpiar, pese a que solo necesitas un par de ellos.

Escombrando tus áreas comunes

Cuando hablamos de nuestro espacio, nos referimos a todo el entorno por el cual pasamos nuestros días. Al escombrar, te evitas directamente situaciones de estrés: ya sea porque perdiste algo que buscas, o porque no recuerdas donde lo dejaste. Recuerda el ejemplo de la engrapadora... Mucho tiempo, frustración y gasto necesario.

En tu hogar, puedes lograr un ambiente de calma y paz. Esto lo lograrás, claro, solo si eres consciente, coherente, en la adquisición de los objetos materiales en tu hogar. Tus objetos deberían contribuir, o ser sinónimo de serenidad, calma, tranquilidad y paz. Dado que estamos en la categoría de las zonas abiertas a las visitas, estas sensaciones agradables no solo deben invadirnos a nosotros, los habitantes, sino a todo el que entre al hogar.

Joshua Becker dice que se encuentra más alegría en tener menos posesiones, que la que se puedes obtener organizando tu hogar. Esto es completamente cierto, y yo estoy de acuerdo. Como ya sabrás, cuando tienes cosas en exceso, lo único que haces es distraer tu mente con tus montañas de objetos. Quizás, pierdes demasiado tiempo encontrando la manera perfecta de organizar tus trebejos. Y ya sabes que, entre menos cosas tengas, más tiempo libre tendrás para hacer las actividades que son realmente importantes o disfrutables: leer un libro, escribir una carta, ver una película, jugar un poco de ajedrez, visitar a los amigos y familiares.

Hablemos de esos objetos que podrían encontrarse en estas áreas de común acceso para todos, y que no aporten nada. Puede ser la sala de juegos, el patio trasero, el porche, el gimnasio, etc.

Te invito a que te hagas la siguiente pregunta: *¿cuál es mi objetivo principal al estar en estas áreas?*

Si tu objetivo principal es divertirte, pasarlo bien, relajarte, ¡perfecto! Ya tendrás una idea de la clase de objetos que querrás estén aquí.

Te pondré un ejemplo personal para que me vayas siguiendo mejor.

Cuando yo era joven, en la casa de mis padres, contábamos con estas tres áreas. Mi familia es muy grande, a veces conocía primos, o primos segundos, que ni siquiera tenía idea de quiénes eran. Así de enorme era mi familia. Bueno, el sitio favorito de todos, sin excepción, era la sala de juegos. Había unas cuantas máquinas maltrechas de arcade, incluso una máquina tragamonedas auténtica de casino, que no servía. Pero estaba allí porque un tío la había comprado, la arreglaría, bla, bla, bla. Teníamos también un par de mesas de futbolito para dar abasto a la fiebre futbolística de mis primos hombres, juegos infantiles para los más pequeños, un bar para los adultos, y otros juegos más.

El problema, es, que, debido al uso constante, las máquinas comenzaban a desgastarse más de lo que estaban. Con tan mala suerte, que, para cuando yo tenía unos dieciséis años, muchas ya no funcionaban. Los tíos prometían, una y otra vez, que enviarían a un técnico para repararlas; creo que antes hubiera brotado una gallina a partir de una piedra, porque mis tíos, procrastinadores profesionales, prefirieron arrumbar a una esquina las máquinas estropeadas, y adquirir otras.

De verdad, ¡es hilarante ahora que lo recuerdo! Las máquinas estropeadas iban acumulándose en los rincones, como niños mal portados que sufrieran castigos. Y los pequeños lo sufrieron: ahora tenían apenas espacio para maniobrar en sus juegos, por lo que se daban de tumbos con media familia.

Ahora, si eres de esas personas afortunadas que cuentan con una sala de juegos en sus casas, que no te pase lo mismo que a mi familia. Juegos que ya no utilices, o no quieras más, sácalos a donar o vender. Si tienes un juego fantástico de dardos de marfil, que no puedes esperar a presumir ante tus amigos en las reuniones, ¡bien por ti! Pero si parece que esa reunión, por alguna razón, nunca se concreta, y ya han pasado cuatro años nuevos chinos desde que fue concebida la reunión, plantéate si es buena idea seguir guardando tu fantástico juguete. No pienses que estás guardando todos tus objetos por si llegas a necesitarlos; rara vez la ocasión llega. Puede que las salas abarrotadas de juegos se vean glamurosas. Pero demasiado de algo, es muy, muy distrayente. Tendrás tanto, que no sabrás con qué jugar. ¿A que es más fácil elegir qué comer, cuando solo hay tres platillos, y no ochenta?

Tampoco quieras guardar, por nostalgia, la mesa de billar del tío Juan. Recuerda: los minimalistas conservan los recuerdos, no los objetos. Sé que los objetos de valor sentimental resultan particularmente difíciles, pero debes seguir adelante.

Como familia, hagan una pequeña junta para decidir qué objetos de juegos se quedarán. Ayudaría mucho si se plantean qué juegos son los que los unen más, y fomentan una sana competencia.

El patio trasero es un área especialmente problemática, más si no cuentas con mucho tiempo. Conforme pasan los años, si descuidamos esta parte de nuestra casa, un montón de cosas extrañas irán juntándose allí. Si no cuentas con una zona de almacenaje, el garaje, por ejemplo, el patio trasero puede convertirse en un almacén provisional. John y yo teníamos un viejo amigo de la universidad, que nos invitó a cenar en su casa en un par de ocasiones. Bueno, su patio trasero era una verdadera jungla. Llantas viejas, muebles rotos, piezas mecánicas, cochecitos y juguetes de infancia de sus hijos preadolescentes, telas "protectoras" que sufrían los estragos del sol y el clima. No te miento cuando te digo que, por la tierra acumulada en el piso, debajo de todo el desorden, estaba creciendo un poco de césped.

Deberías plantearte una buena escombrada si tu patio trasero guarda semejanza al patio de mi amigo; incluso si es un parecido vago, lo necesitas. Si no has hecho tu proyecto de manitas para arreglar el tostador en los últimos dos años, no lo harás nunca. Tampoco crearás esas monas macetas ecológicas a partir de las llantas viejas que guardas tan celosamente. Piensa, además, en los peligros que un sitio así entraña para tu familia, sobre todo si tienes hijos pequeños. Las alimañas siempre están en busca de refugios seguros e inamovibles, arañas venenosas podrían hacer allí sus nidos. Tampoco almacenes basura en el porche. Podrías olvidarla, y eso no sería nada bueno para la vista. No te sientas culpable, ¡deshazte de todo lo que no necesites!

Acciones clave para las áreas comunes

1. No almacenes cosas por nostalgia. Esto es lo peor que puedes hacer.

2. ¡No procrastines! La procrastinación es causa número uno de acumulación.

3. Pide a tus amigos que dejen de regalarte adornos. No aportan mucho, abarrotan tus estancias, y quizás no sean de tu gusto.

Escombra la sala de estar

Ah, la sala de estar.

La sala de estar, por lo general, es la primera habitación a la que las visitas tienen acceso. Podríamos considerarla, por ejemplo, como la bienvenida y primera impresión que las personas ajenas tendrán de ti, y de tu familia. Si tu sala está ordenada, limpia y luminosa, dará una buena impresión a todo el que entre. En cambio, si tu sala está tan ordenada y aseada como un refugio de trasgos, esto podría influir poderosamente en la opinión que ellos tengan de ti.

Veamos. ¿cuál es el mobiliario más común que podemos encontrar en una sala? Sofás, cojines, mesitas para el café, más mesitas para las lámparas. Quizás una repisa para adornos, decoraciones variadas.

Dependiendo de tu gusto, podríamos encontrar también la televisión, lámparas de pie, alfombras, una chimenea, repisas para libros, consolas de videojuegos, etc. Son importantes también, los tipos de candiles que cuelguen del techo. Habrá algunos que decidan acomodar en la sala, sus aparatos de gimnasia para mantenerse en forma. Aunque yo no esté muy de acuerdo, como te mencioné al principio, la verdad es que se trata de tus preferencias personales. Tú tienes el poder de decisión, y tus elecciones estarán bien.

Volviendo al caso de las famosas porcelanas... La verdad es que no necesitas tantas. Aparte de ocupar demasiado espacio, se vuelven un riesgo cuando tienes niños pequeños. Además, son muy tardadas de limpiar, y si tus hijos te ayudan con ello, podría haber accidentes que los lastimen. Por no hablar del estrés que sentirás si te rompen una. Mi mamá, por ejemplo, se ponía como una furia cuando le rompía por accidente una de sus porcelanas favoritas.

Si no tienes porcelanas, trasládalo a cojines. Tus sofás no necesitan diez cojines cada uno. ¡Ni siquiera tendrías espacio para sentarte! Tendrás más para limpiar, y se te hará eterno.

Sobre los equipamientos de ejercicio, está bien si los tienes en la sala. Quizás hayas tenido la fantástica idea de plantar la bicicleta estática frente al televisor, todo eso está muy bien. Pero si cuentas con aparatos que no usas, ¿para qué los quieres allí, estorbando el paso? Seguro, cualquiera que entre a tu casa pensará que eres un adicto (de la buena manera) al ejercicio, pero de nada te sirve impresionar personas con tu gimnasio, si tu cuerpo no luce acorde. Si, en definitiva, tus aparatos solo acumulan polvo, deberías considerar venderlos. Cuando tengas tiempo para el ejercicio, sal a trotar por el barrio, ve al parque, anótate a una clase de zumba semanal. Adapta tu casa a tu horario, no esperes que tu horario se adapte a tu casa, porque eso no sucederá.

Por alguna razón, los papeles parecen reproducirse por mitosis sobre la mesita del café. Esto no es bueno, por dos razones: se ven terribles, las pilas de papeles; o podrías perder algo importante que haya llegado en tu correo. Aplica el hábito minimalista que ya hemos visto antes, y hazte cargo del correo, de inmediato.

A veces, las pilas de ropa limpia, o pendiente de planchado, se acumulan en la sala. Por supuesto que sabes que la ropa no pertenece a la sala. Te será muy estresante cada que entres, además, ver esas montañas que te esperan. La visión del desorden, causa ansiedad. Trata de no acumular en la sala, objetos que no pertenezcan allí. Recuerda, se trata de tu sala, no es un almacén.

Si la televisión está en la sala, algo nada raro en la mayoría de los hogares, puede suceder que también tengamos el Blu-ray, el DVD. Si no somos muy ordenados, las cajas de las películas, por lo regular, se encuentran hechas un desastre. Cuando hacía mucho que los DVD estaban de moda, en casa de mis padres aún podíamos contemplar una selección de VHS. Eso no estaría tan mal, si no fuera porque ya ni siquiera teníamos reproductor de VHS. Mi mamá se negaba a tirarlos porque allí constaba la filmación de la quinceañera de mi prima Paula, las bodas de oro de mis abuelos maternos, mi fiesta de un año, la posada del colegio de mi hermano mayor... Cosas sentimentales.

Si te has mudado a un aparato más moderno, como lo es el blu-ray, dona o vende tus dvd. Quizás son tus películas favoritas, tienen carga sentimental, pero solo están ocupándote espacio. Además, ya puedes verlas, con más calidad, en el blu-ray. Una buena solución que John y yo hemos encontrado, es que tenemos todo nuestro entretenimiento de vídeo, en plataformas digitales. Así nos ahorramos las molestias de las cajas y los discos.

Si tienes revistas para que las visitas se entretengan mientras te esperan, porque te gusta leer artículos de pesca... No soy partidaria de estas, definitivamente, por un par de razones: se desordenan con facilidad, acumulan polvo y producen basura. Además, es incomprensible cómo siempre acaban en el baño, o en cualquier otro lugar. Súper NO para mí.

Los juguetes de los niños... Para que la alfombra no parezca un campo minado, debes pactar con tus hijos, los horarios de la recogida de los juguetes. Recuerda que tu ejemplo es importantísimo para que esto no suceda. Como medida adicional, quizás quieras guardar un cajón en la sala, y designarlo como el cajón temporal de los juguetes para el día. Así, tus hijos no tendrán que ir cargándolos todo el camino hasta su habitación. La caja temporal de los juguetes para el día, por ejemplo, podría vaciarse todas las noches.

Acciones clave de la sala de estar

1. ¡No tengas muebles de gigantes! La desventaja de los muebles grandes, es que dan la sensación de que la habitación es más pequeña de lo que es en realidad. Si es tu caso, y pueden permitírtelo, charlen sobre deshacerse de ellos para adquirir

unos más acordes a sus necesidades de espacio. Una venta de garaje funcionaría muy bien.

2. Ten un perchero, para que las chaquetas que te quites, no vayan a parar al sofá. Así podrás encontrarlas más fácilmente, y todo se verá ordenado.

Capítulo Ocho:

Escombrando tus habitaciones. Las áreas íntimas

Ya que hemos hablado de escombrar las zonas abiertas a las visitas, ahora hablemos de las zonas íntimas, aquellas casi exclusivas para el uso de tu familia, que son tan vitales para tu propio descanso y confort. Si no están a la vista de las visitas, eso no significa que por eso descuidaremos su orden. Me atrevería a decir que son un poquitito más importantes, pues en ellas descansas y te relajas para iniciar un nuevo día. El mantenimiento de las habitaciones íntimas, se vuelve aún más importante cuando tienes hijos. Recuerda que los niños aprenderán únicamente a partir de tu ejemplo.

¡Empecemos!

Escombra los dormitorios de los adultos

Nuestro dormitorio tiene una importancia fundamental, no sólo porque allí pasamos la mayor parte del tiempo en la noche, sino porque un dormitorio organizado nos permite tener paz mental, tranquilidad, comodidad, y un sueño reparador. Un dormitorio organizado nos ahorra tiempo en la mañana, e impide que vayamos por ahí sin pantalones porque no los encontramos por ningún lado. Si tienes un vestidor organizado, jamás llegarás tarde a la oficina debido a urgencias de moda. Es importante que en tu dormitorio tengas el espacio que necesitas para sentirte cómodo. Recuerda cómo es que está distribuida la habitación de un buen hotel: los movimientos serán fluidos, el desplazamiento sencillo, todo estará a tu alcance.

Sin duda alguna, la habitación es el lugar más íntimo y personal por excelencia, de cualquier hogar. En él se está en confianza, libres de prejuicios de cualquier índole. Es el lugar donde reposas y descansas la fatiga de tu largo día de trabajo. Por lo general, en la habitación es en donde se define tu personalidad. Por eso yo, cuando era adolescente, colgaba pósters horrendos de mis artistas favoritos, y creaba "fascinantes" collages gigantes, en el techo, con ayuda de las revistas de moda. Te recomiendo que antes de que pases a otras zonas íntimas, inicies primero con las habitaciones.

El espacio de nuestra habitación es algo de vital importancia a la hora que empezamos a escombrar y organizar, pues, dependiendo de los espacios que tengas disponibles, podrás ir estableciendo criterios.

El ambiente minimalista, la decoración y organización, son elementos utilísimos y precisos que te recomiendo repases antes de iniciar la tarea. Tu descanso es primordial.

Si en algún momento has visto habitaciones minimalistas, estoy segura que habrás notado que el ambiente es fresco, calmado. Abundan las líneas rectas, los colores terrosos; variadas tonalidades de blancos y uno que otro verde, dan una sensación de naturalidad al interior.

Tu gusto es primordial. Sin embargo, trata siempre de apegarte lo más que puedas a los tonos neutros. La psicología del color no recomienda que uses colores muy vivos para tu habitación, pues te excitarían en una hora que se trata de relajarse. Recuerda que le minimalismo se concentra en darte un espacio funcional, sencillo, útil, armonioso. No se trata de ostentaciones, ni de aspectos superfluos.

Algo que te puede ayudar bastante en la organización de tu dormitorio, es tener una mesita de noche con cajones para almacenar cosas. "Pero, Camila, si tienen cajones, ¿no se acumularán cosas raras allí?" Sé a lo que te refieres, en los burós de la casa de mis padres, podías encontrar perfumes viejos, muñecos rotos, libros de oraciones, rosarios, monedas de más de treinta años, etc. Pese a todo esto, ten en cuenta que necesitarás espacio de almacenaje para tus medicamentos nocturnos si tienes alguna condición médica. Hailey guarda en el cajón de su buró, su inhalador de repuesto, mientras que en la superficie tiene su inhalador que usa siempre. Johnny acuesta, en el suyo, a su amigo el Action Man. Dependerá de ti su uso, y no te olvides de mantenerlo organizado siempre, de acuerdo a su propósito asignado. No permitas que tus cajones se conviertan en nidos de la urraca.

Ya que estamos hablando de muebles, debes ir pensando en las necesidades que tendrás respecto a tu habitación. Un tip excelente, para detectar si tienes demasiados muebles abarrotando, es hacer un recorrido por la habitación. Finge que tienes una emergencia de trabajo, y debes dirigirte hacia allá a toda prisa. Si la movilidad a través de la habitación es rápida, ¡enhorabuena! Si no... Bueno, entonces tienes demasiados muebles, o estos son demasiado grandes para el tamaño de la habitación. Si puedes permitírtelo, dona o vende los muebles de los que te desharás. Toma medidas, haz un plano de tu habitación ideal, ¡y lánzate a comprar unos nuevos! Medita bien qué es lo que quieres, qué es lo que necesitas, y compagínalo.

Otro aspecto a tener en cuenta a la hora de comprar muebles, es que permitan un fácil, rápido aseo. Generalmente, la suciedad se acumula en mayor medida en los lugares de difícil acceso. Por ejemplo, debajo de las camas, de los armarios. El polvo y suciedad pueden resultar perjudiciales para tu salud, y por tus muebles, puede ser tedioso eliminarlos por completo. Para que evites que el desorden reclame la señoría de tu habitación, trata siempre de devolver a su sitio, todo objeto que uses.

Algo que he notado en ciertas personas, es que tienen la tendencia a acumular almohadas en la cama. Una cama llena de almohadas será, sin duda, una visión graciosa; puede que, para los niños, sea una delicia, pues significa un bonito campo de juego. Pero tú no eres un niño, eres un adulto. Evita la repetición de objetos, en especial si son de la clase estorbosa que no necesitas. Tampoco necesitas tres lámparas de pie, dos en cada buró, y el candil del techo; el coco no va a comerte. Ya sabes cómo proceder con el escombreo.

Las cosas que compras, y que en realidad no usas como tal, no sólo te suponen una inversión innecesaria, sino que evitan que hagas inversiones en aquellas cosas que te agregarán valor. Por ejemplo, si piensas en comprar para tu dormitorio un sofá-cama, "por si acaso" llegara una visita que pueda quedarse, yo diría que es una mala idea. Además de que estás comprando debido a una probabilidad, otra superficie más invitará al desorden cuando estés demasiado cansado para colgar tu ropa al quitártela. Tu dinero y tranquilidad están en juego, no lo olvides. *Compra sabiamente.*

Algo que siempre sucede, al igual que pasa con la sala, es que vamos acumulando objetos que no pertenecen allí. Hay un vaso que tomaste por la noche, juguetes de los niños, libros que van apilándose en tu mesita. Para los más modernos, ahora está la laptop... Relocaliza todo aquello que no pertenezca a tu habitación. Te servirá hacerte la pregunta: si la habitación es para descansar, ¿qué hay aquí que no uso para hacerlo? Y, *voilá*, ya está. Te reitero esto que a mí me gusta mucho: cada habitación tiene su propósito, no lo desvirtuemos.

Siempre ten presente, que menos, es más.

Un ritual que es buenísimo, es programar escombreos periódicos. Cada seis meses, por lo menos, estaría muy bien. Seis meses es una ventana de tiempo considerable para valorar todo aquello que haya cumplido con su ciclo de vida útil en tu hogar. Esto ayudará a que no acumules al largo plazo, y te permitirá seguir teniendo un espacio armonioso.

Si eres una mujer amante de los bolsos, es conveniente que uses percheros. Además de ayudarte a que todo esté en orden, te servirán para que encuentres el que buscas de manera rápida y efectiva. Los bolsos guardados en armarios, no son nada prácticos, y ocupan demasiado espacio. Además, al no usar cierto bolso con frecuencia porque no lo encuentras, lo estás guardado solo se pondrá viejo, feo, por lo que deberás tirarlo. Y ya estás desperdiciando dinero ahí.

Otro truco que puede funcionarte también, para que crees la ilusión de un espacio habitacional más abierto, mejor aprovechado, es el siguiente:

Identifica los muebles que ocupen un mayor espacio, para que los ubiques estratégicamente en las esquinas de la habitación. Te daré uno de los trucos personales de John, para la reacomodación de muebles. Si tienes una cámara, cuando estés reorganizando la posición de los muebles, toma fotografías de la habitación. Si no cuentas con una, hazlo con tu teléfono. Observa las fotos; funcionarán como un segundo ojo ajeno a ti, y podrás notar cosas que a simple vista no ves. A nosotros nos ayuda a idear posiciones más efectivas para los muebles.

Algo que te puede ayudar a minimizar la cantidad de cosas que tienes, es tratar de visibilizar cómo se vería tu dormitorio si no tuvieras tal o cual objeto. Normalmente, la mente asocia los estados de paz con la sencillez, con las pocas cosas. Un espacio abarrotado, hará que te sientas muy inquieto.

Otro aspecto importantísimo, es la **luz**. Como minimalista, recomiendo que la luz de la habitación sea tenue. Entre más sencilla y no ornamentada sea la lámpara, mejor. Así no te distraerás cuando el sueño te esté venciendo. Yo tengo lámparas cónicas en la habitación, pues combinan a la perfección con el mobiliario de nuestra habitación. Trata de que la iluminación no sea demasiado clara, tipo fluorescente, ni tampoco demasiado oscura. El minimalismo es equilibrio. Deberías ser capaz de observar todo tu entorno, sin que la luz lastime tus ojos.

Las cortinas que utilices en la habitación no deben ser voluminosas, ni hechas con tela pesada. La luz natural del día debería poder filtrarse a través de éstas. Puedes usar también persianas, la mejor opción que se ajuste a tu preferencia de decoración.

Acciones clave en los dormitorios adultos

1. No tengas demasiados accesorios. El problema de esas cositas bonitas que adornan tu dormitorio, es que, además de hacer que tardes más cuando se trata de la limpieza, contribuyen a darle a tu habitación, el aspecto de una tienda de antigüedades. Las tiendas de antigüedades, por lo general, también tienen mucho polvo... Sí, no querrás que todas esas bacterias y ácaros que viven el polvo, entren a tus pulmones.

2. Alfombras limpias. A mí me gustan mucho las alfombras, pues no es agradable bajarme de la cama, solo para que el frío me muerda los pies. Sin embargo, estoy al corriente de que acumulan mucha basura y suciedad. Si el ´piso de tu habitación está alfombrado, o tienes alfombras de considerable tamaño, no te olvides de limpiarlas por lo menos una vez al mes. Una alfombra descuidada, sucia, constituye un peligro para la salud.

3. Muebles innecesarios. Los biombos se ven hermosos, sí, pero a menos que tu habitación tenga un tamaño generoso, evita tenerlos. Lo mismo va para los burós superfluos, para los estantes que son refugio temporal de objetos perdidos, para los muebles decorativos, y demás.

4. Muebles inteligentes. Hay un tipo especial de camas, llamadas otomanas, que además de ser tu centro del descanso, ¡cuentan con espacio de almacenaje bajo el colchón! Si vas a adquirir muebles nuevos, piensa en estos muebles

creativos que te permitirán reducir el número de piezas que necesitarás para tu habitación.

Escombra las habitaciones de tus hijos

Ah, los niños. Son encantadores, ocurrentes, creativos. Se emocionan por los tesoros comunes... y quieren guardarlos a como dé lugar...

Si eres un padre o madre de familia, seguro te habrás encontrado a menudo con esta situación: tu hijo se ha encontrado hoy, en el jardín del colegio, un hermoso, maravilloso cuarzo. Te suplica que le dejes quedárselo. Tú accedes. Al día siguiente, se ha encontrado una fabulosa mariposa de colores... muerta. Una vez más, accedes. Al día siguiente es una rama de forma graciosa, luego una pelota extraviada, luego un gato. Y tus niños terminan inaugurando un museo naturalista zoológico en su habitación. Lo que no está mal, en sí. Lo malo, son los numerosos y delicados objetos que abarrotan la habitación, y la han transformado ya en un pandemónium de objetos desperdigados y desordenados.

Además, tú ya sabrás que los niños no son, precisamente, las criaturas más organizadas y conscientes del mundo. Ellos solo quieren jugar, divertirse. No piensan en las consecuencias, solo en el disfrute.

Sin embargo, vivir con niños no tiene por qué ser una experiencia terriblemente caótica. Existen maneras, estrategias, para que el cuarto de tus hijos no se convierta en un segundo trastero.

Eso sí, antes de que inicies con el escombreo y demás, te recomiendo que te sientes a charlar con tus hijos. Pregúntales qué es importante para ellos, comprende sus líneas de pensamiento. Qué los motiva, qué los emociona, qué objetos futuros serían atractivos para sus despiertas mentes. Qué es lo que les costaría dejar ir, y qué dejarían ir sin grandes problemas. Te aseguro que este, es un ejercicio de lo más constructivo para que los conozcas mejor, y para que la tarea que te traes entre manos, sea más sencilla de realizar. Si tu pareja puede ayudarte, estando presente y participando en esta charla, la actividad será doble, triplemente más efectiva, fructífera. Además, ¡los unirá más como familia!

Acciones clave para la habitación de los niños

1. Inicia con los juguetes. Los objetos más numerosos que un niño tiene, son los juguetes. El método de las cuatro cajas te vendría de perlas para esta tarea. Que tus hijos sean sinceros, y decidan con cuáles juguetes se quedará, cuáles donará, y cuáles irán a la basura.

2. Decidan un cupo aceptable de juguetes de cada categoría. Tú lo pondrás. Por ejemplo, veinte figuras de acción, veinte muñecas, diez cochecitos. Cuando no hay un cupo, tus hijos pueden querer conservarlo todo.

3. Repasa sus libros. Quizás aún guardan el cuento del cerdito George, de cuando tus hijos

tenían dos años. Aún si es un libro, a sus siete años, el cerdito George ya no será muy interesante que digamos.

4. Videojuegos que no use. Haz que escombre su estante de los videojuegos. Si tiene demasiados, nuevos, que aún no ha podido jugar porque no ha terminado los antiguos, consideren revenderlos. El 'por si acaso' no ayuda a que la acumulación desaparezca.

5. Ayúdalo a decidirse por sus obras de arte favoritas. Créeme que sé lo duro que es tirar los dibujos que hicieron tus hijos. Sin embargo, si no lo haces, podrías terminar empapelando todas las paredes y techos. Juntos, elijan las mejores obras que adornarán el hogar.

6. Cómprale ropa que le vaya un poco grande. Así podrá aprovecharla por el mayor tiempo posible, antes de que le vaya pequeña.

7. Disfraces. Yo sé que es hermosa y monísima, pero tu niña no necesita un disfraz de Moana, de

Mérida, de Blancanieves, de Doctora Juguetes, de cebra, de científica, de gatita, todo al mismo tiempo. Dales el poder de elección. Hailey elige dos disfraces de su preferencia al año, y un tercero más, especial para Halloween. ¡Ahorrarás dinero, y ellos se se sentirán muy importantes sabiendo que pueden elegir!

8. Haz escombreos periódicos cada tres meses. Así aprenderán a valorar sus tesoros naturales, y a solo elegir aquellos que verdaderamente resuenen con sus aficiones: ¡se conocerán mucho mejor!

Escombra los sanitarios

Los sanitarios, son de las salas más importantes en tu casa. ¿Por qué es así?

En los baños, no solo vas a satisfacer tus necesidades biológicas más primarias. Con frecuencia, los baños son santuarios de relajación y paz. Lugares en los que puedes encerrarte con tus propios pensamientos, reflexiones, repasos breves del día, sentimientos y ansiedades. Son lugares íntimos, a los que no cualquiera debería entrar.

Pese a todo esto, no les prestamos la suficiente atención. Me entra la risa loca cuando recuerdo el baño de mi departamento, y el sanitario de la primera etapa de mi matrimonio con John. Recuerdo que podría haber montado una modesta boutique con la cantidad de frascos, vacíos y llenos, que se amontonaban alrededor de la tina, en el lavabo, y en la cabina detrás del espejo. El pobre de mi marido debió de sufrirlo todo, pacientemente, hasta que abandoné mis manías de la loca de los productos de higiene personal.

Como santuarios de relajación y paz que son, debemos mantenerlos en condiciones óptimas. Nadie va a relajarse si los productos están cayéndose a cada segundo, si el perímetro de tu tina parece una zona de guerra. ¡No tendrías espacio ni para una vela aromática!

Acciones clave para los baños

1. Saca todos los productos viejos. Si tienes por allí un champú que no has usado en tres semanas... Yo lo sacaría, aun si está medio lleno. Está ocupando espacio innecesario. Esto aplica también para todos los productos que no terminaron convenciéndote, por diversas razones. Así, a la próxima, serás más consciente a la hora de comprar.

2. Escombra los gabinetes cada mes. En muchas ocasiones, metemos a los gabinetes del baño los objetos que no sabemos dónde más podríamos ponerlos. No lo hagas, o tu escombreo podría alargarse.

3. Saca las toallas que no necesites. Mi mamá solía guardar más toallas de las que necesitábamos, 'por si acaso'. No, rotundo no.

4. Invierte en muebles prácticos. Siempre es mejor que los muebles de baño se ajusten al tamaño de la estancia, no al revés. Si puedes

permitírtelo, plantéate adquirir opciones más inteligentes.

5. ¿Ducha vs. tina? Esto dependerá de tus preferencias y necesidades personales. Las duchas ocupan menos espacio, pero las tinas son más relajantes. Evalúa los pros y contras de cada opción.

Capítulo Nueve:

Escombra tus habitaciones. Oficinas y zonas de almacenaje

Las zonas de almacenaje, y la oficina, son lugares importantes a los que apenas les prestamos la debida atención. La oficina, porque en el día vamos a trabajar. Nuestra mente está ocupadísima cerrando nuevos tratos, atendiendo clientes, creando informes, vamos de junta en junta… En lo que menos pensamos, la verdad sea dicha, es en la organización de nuestro escritorio. Simplemente, no hay tiempo para eso.

Los armarios, por lo general, son para guardar cosas, de modo que no les prestamos atención a menos que necesitemos sacar algo de allí. Como permanecen a puertas cerradas todo el tiempo, nos evitamos la distracción de lo que hay dentro. Esto es bueno, pero también es malo. Al no ver el interior, no nos damos cuenta a tiempo de que es hora de darle una manita de gato a los pobres armarios.

El garaje, siendo el lugar de almacenamiento por excelencia, no recibe siempre la atención adecuada. Esto se agrava cuando tenemos horarios de trabajo muy justos. Si llegas cansado de la oficina, no vas a ponerte a escombrar nada, ¿cierto?

Otra de las zonas menos atendidas, si no eres un amante de la naturaleza, o de las tareas hogareñas, es el jardín. Su desaliño va desde un poco de hojas secas, y periódicos, a verdaderas junglas amazónicas.

Sin importar en qué condiciones estén estos sitios, es mi tarea ayudarte a que los dejes como los chorros del oro, bien escombraditos. Debido a que son lugares abundantes en objetos acumulados, sé que antes de iniciar se siente como una tarea titánica

Sin embargo, ¡verás que es más fácil de lo que parece! La buena logística es esencial para hacerlo, por lo que te proveeré de consejos para que tu escombreo resulte más fluido.

Escombra en la oficina

La oficina, nuestra segunda casa después del hogar. Es muy cierto lo que dicen, eso de que no es raro que pases más tiempo viendo a tus compañeros, que a tu propia familia. No está bien, lo sé, pero, por desgracia, el mundo capitalista, la cultura del trabajo, lo han hecho así.

Mi antiguo despacho de contabilidad, cuando trabajaba como una auxiliar contable en una oscura empresa en mi época de universitaria, por ejemplo, era el espécimen clarísimo de una cueva de contrabandistas. Las copias se apilaban en columnas por todos lados; yo tenía construido un parapeto de hojas en C, en el perímetro de mi escritorio, lo que me entorpecía la visión de la puerta de entrada. A veces, la copiadora quedaba sepultada bajo una cascada de copias que nadie se molestaba en recoger. Me estresaba con el poco espacio para maniobrar en mi escritorio, pero estaba "tan ocupada", que jamás pude levantarme a ordenar semejante cuchitril. Debo reconocer que muchas veces mi rendimiento se vio comprometido por el desorden pues, con frecuencia, tardaba mucho en encontrar los documentos que requería para las operaciones contables. Hoy puedo decirte, con total seguridad, que trabajar con las condiciones en las que se encontraba ese sitio, era un auténtico infierno.

Como tal, al ser un lugar en el que pasamos tanto tiempo, y ejecutamos tantas importantes actividades diariamente, es normal que empiecen a juntarse los papeles: memorandos, solicitudes, circulares, correos impresos, contratos, post-its... Añade a la pila de papeles, tus propios objetos personales. Puede que tengas tu propia grapadora, para emergencias, los retratos de tu esposo o esposa, de los hijos, un contenedor organizador para tus plumas y lapiceros, una bandejita de clips, tu computadora de escritorio, tu computador personal, tus cuadernos de notas... La lista podría hacerse eterna.

En ocasiones no hay mucho tiempo para salir a comer fuera, así que tal puede que haya también, vestigios de comidas pasadas. Servilletas, palillos chinos, bolsas vacías. No estará muy reluciente que digamos, si tú eres quien debe asear el escritorio, y no cuentas con mucho tiempo.

A lo que quiero llegar, es que habrán muchas cosas que no deberían de estar ahí. El trabajo es estresante, es acelerado, debes cumplir metas.

Por lo tanto, es mejor si cuentas con un espacio de trabajo despejado, limpio y ordenado. Facilitaría tus tareas enormemente, te distraerías menos, y rendirías muchísimo más, beneficiándote así a ti, y a la compañía.

¿Cómo puedes tener un escritorio así?

Acciones clave para la oficina

1. Inicia elaborando con un plan. Todo es más fácil cuando cuentas con una lista cuidadosa sobre lo que debes hacer primero. Categoriza, según prioridades, qué área de tu escritorio debes atacar primero. Qué objetos van dónde, qué papeles pertenecen a contratos, y cuáles a memorandos. Para no añadir más caos al desorden, hazlo electrónico, no imprimas una hoja más.

2. Escombra primero los cajones. Debido al ritmo frenético, a veces solo abrimos los cajones, y echamos todo allí dentro. Entonces, decide qué objetos son útiles, cuáles necesitas, y deshazte del

resto. Además, necesitarás crear un sistema diferente para que todo lo de dentro dure ordenado; si no, todo volverá a estar igual un mes después.

3. Divide la tarea en etapas. Cuando divides el escombreo y limpieza en etapas, resulta más fácil atacar con bríos y motivación cada nueva zona. Recuerda que entre más complicada parece una tarea, menos ganas nos dan de hacerla.

4. Haz un propósito de imprimir menos. Además de no ser sostenible con el medio ambiente, imprimir demasiados documentos se puede volver caótico. Si necesitas imprimir algo, asegúrate de que será esa la versión final del documento. A menos que te lo pidan, imprime los documentos necesarios. ¡Para eso tienes computadores!

5. Archiva con frecuencia. Al igual que con tu correo hogareño, no permitas que se te acumule sobre el escritorio. Lidia con la archivación de los documentos, tan pronto ya no los necesites. Si ya

no volverás a necesitarlos más, y solo van a ocuparte espacio en vano, plantéate si no estarán mejor en la basura.

6. Usa tiritas para organizar los cables. A mí me estresa soberanamente estar pateando cables, o enredándome con ellos. Me desespera mucho la visión de una araña de cables. Para que no sufras contratiempos derivados de los cables, como desconexiones accidentales, te recomiendo los ates con esas tiritas plásticas. Además, si tienes una caja especial para almacenar cables, no querrás perder el tiempo desenredando el que necesitas, ¿cierto?

7. Apoya el uso de mobiliario ahorrador de espacio. Ya sabes, tarimas organizadoras, contenedores de papelería, gabinetes que puedas meter bajo el escritorio. Aprovecha al máximo el potencial optimizable de tu espacio de trabajo.

8. Escombra siempre, con regularidad. Elimina lo que no necesites, ni uses, ni funcione. Aparatos viejos o rotos. Máquinas que funcionen mal. Más

vale hacer el gasto, que estar rabiando por una impresora que imprime solo la mitad de la página. ¡Tu rendimiento dependerá de ello!

Ya sabes, no me gusta el proselitismo. Pero si puedes animar un poco a tus compañeros a que te ayuden a mantener el orden en la oficina, hazlo. Por ejemplo, si tienen una nevera en la oficina, cuiden que nadie olvide alimentos, que esté limpia. El área del café, ya que es tan importante, hagan juntos un esfuerzo colaborativo por ver de que esté en condiciones. Todos saldrán beneficiados de ello.

Escombra los armarios y gabinetes

Armarios

El armario de cada persona alberga no solo prendas de vestir, sino gustos y rasgos identitarios que revelan nuestra personalidad. Cada prenda de vestir tiene una historia para recordar, si no lo sabré yo... El armario guarda también tu elección de gustos en cada etapa de la vida; está ligado con la cultura y la identidad, y devela indiscutiblemente lo que eres, y quieres reflejar.

El armario nos viste para la mañana, el mediodía o la noche. Nos equipa para que nos enfrentemos a situaciones laborales, momentos de esparcimiento, eventos importantes, galas elegantes, momentos tristes, fríos, calurosos. Es en sí, un espacio que celebra la diversidad, el cambio y las emociones.

¿Cómo no prestarle atención al armario? ¡Imposible!

¿Cuántas veces te sientas frente a tu armario a pensar sobre qué ropa usarás para ir al trabajo, o a una fiesta? ¿Cuánto tiempo pierdes, cuando haces este ejercicio, y no logras decidirte por ninguna prenda? A pesar de mis largos años recorridos por el sendero minimalista, como ya te mencioné antes... Si bien es cierto que yo mantengo una lucha perpetua sin cuartel contra mi talón de Aquiles, debo reconocer ante ti que todavía peco, con cierta frecuencia, de ser una hambrienta *fashion victim*. Esto ocasiona que, en los escombreos periódicos que John y yo organizamos, siempre salga alguna prenda rara que no me pongo.

Puede sucederte que tengas tanta ropa, que ya ni siquiera recuerdas, en su totalidad, a todas las prendas que posees. O, lo tienes todo tan desorganizado, que ya no sabes lo que tienes. Es por eso que quiero darte algunos consejos para que -vivas estos espacios, como toda una experiencia de practicidad, comodidad y emotividad.

Acciones clave para el armario

1. La clave del éxito de un buen escombreo de armario, inicia contigo haciendo conciencia de toda la ropa que tienes. La ropa que usas con frecuencia, la ropa de invierno, de verano, la primaveral. Sí, incluso hasta de esa ropa que ya no te queda, y que guardas, esperando el momento en el que adelgaces para volvértela a

poner. También está la ropa horrorosa que alguien te regaló en tus diversos cumpleaños o navidades, y que jamás te pusiste porque era, asumámoslo, ridícula. Es muy fácil.

2. Escombra. Separa en pilas, la ropa que te gusta, que sí usas; la ropa que te gusta, pero no usas; la ropa que no te gusta, y que no usas; la ropa que ya no te queda; y la ropa que ya ha pasado a mejor vida. Este ejercicio es completamente experiencial, pues sólo cuando te enfrentas a la cantidad de ropa que tienes, sabrás lo que debes hacer. De la ropa que te gusta, y que no usas, deberás elegir las prendas con las que te quedarás. La ropa que ya ha pasado a mejor vida, pues irá a la basura. La ropa que no te gusta, tú decides si la donas o la vendes. Deberías quedarte solo con la ropa que te haga feliz cuando la uses, te haga lucir bien, y con la que estés cómodo. Ese es el objetivo del minimalismo.

3. No te cortes por sentimentalismos. Puede que te duela deshacerte de tu ropa favorita del año pasado, pero si ya no te queda, va para fuera. A

alguien más podría servirle. ¿No te gustaría que alguien más pasara momentos felices, tal y como los viviste tú?

4. Crea un sistema efectivo de colgado de tus prendas. Todo lo anterior está muy bien, y es bonito, pero, si no te haces propósito de mantenerlo ordenado, al poco tiempo volverás a tener un desastre en tu armario. Si eres afortunado de tener un armario amplio, ¡aprovéchalo al máximo! Si no es así, prueba a colgar prendas de un estilo y uso similar, en el mismo gancho. O puedes hacerlo por colores: si estudias toda tu ropa, seguro esto será muy útil pues no se te dificultará nada localizar la prenda que busques. A la vez que ordenas, puedes preparar tu próximo escombreo, usando el método de los ganchos. Como puede ser que cuando termines te sobre espacio, ahora puedes colocar allí, un mueble organizador de zapatos. ¡Matarás dos pájaros de un solo tiro!

5. Para doblar la ropa, puedes efectuar de la misma manera: organízala por usos, o por

colores. De ser posible, procura que todas las prendas dobladas queden visibles; será más sencillo que localices la que estés buscando en un futuro. Un consejo que puedo darte, es que cada vez que dobles una prenda, le agradezcas de todo corazón el tiempo de uso que te brinda. Piensa en la razón que te llevó a comprar esa precisa prenda, y no otra. Así, cada vez que dobles ropa, lo harás con gusto y ganas. Recuerda que, en el minimalismo, ser agradecido es muy importante para enraizarnos en nuestro presente.

Gabinetes

Los gabinetes son increíbles, si te detienes a pensarlo por unos segundos. Guardan todo tipo de cosas, y mantienen tus objetos a salvo. Pero, al mismo tiempo que son increíbles, son también conflictivos: se asemejan a las talentosas divas. Al igual que sucede con los cajones de los burós de los dormitorios, los gabinetes pueden convertirse en verdaderos nidos de urraca. Sea lo que sea que almacenes en ellos, procederás de la misma forma que en los armarios.

Acciones clave para los gabinetes

1. Inicia preguntándote por el propósito de almacenaje original de cada gabinete. Cuando dejas en claro para qué tipo de objetos concebiste el gabinete en cuestión, se vuelve más sencillo el escombreo.

2. Saca todos los objetos de los gabinetes. Elige los que se quedarán, de acuerdo al propósito que hayas elegido para cada gabinete particular. Tira o dona los que ya no quieras. De los objetos que hayas sacado, que no pertenecían allí, selecciona cuáles serán relocalizados, cuáles serán donados, y cuáles pararán en la basura.

3. Sé firme en tus elecciones. Cuando un objeto nuevo llegue de improviso a tu casa, y no sepas qué hacer con él, no recurras a guardarlo en algún gabinete para deshacerte de él; si acaba de llegar, y no lo necesitas para nada, ya sabes cómo es que deberás proceder para no cederle terreno a la acumulación.

4. Mantenlos lo más vacíos que puedas. Que tengas espacio disponible para almacenar, no significa que forzosamente debas llenarlo. Quítate la mala costumbre de llenar por llenar, entrena a tu minimalista interior con este ejercicio.

Escombra tu sótano o garaje

Los sótanos o garajes; si no has optado por usar el primero como parte habitable de tu vivienda, suelen formar parte de lo que se conoce como zonas de almacenaje. Lo negativo de las zonas de almacenaje, es que son foco rojo de acumulación y suciedad: solo les prestamos atención cuando necesitamos sacar algo de allí. Además, cuando quieras empezar, tendrás que enfrentarte a verdaderos, difíciles, paseos de la nostalgia; muchas cosas viejas pueden estar guardadas allí dentro, con lo que seguro te enfrentarás al escombreo de artículos sentimentales.

Que el caos reine en tu sótano y garaje, sabes que esto no tiene por qué ser así. Con un buen escombreo y logística de organización, tendrás garajes y sótanos ordenados, a los que dé gusto entrar.

Acciones clave para el sótano/garage

1. Sin basura. Este sería el primer paso para empezar, así tendrás más espacio para moverte. Además, te toparás con objetos que debían parar en la basura, pero por alguna razón no llegaron allí. Por ejemplo, las cajas de tu paquetería, piñatas viejas, la bolsa de juguetes estropeados, etc.

2. Afuera con la pintura. En muchas ocasiones, somos nosotros mismos quienes pintamos nuestras casas. Al terminar, nos damos palmaditas en la espalda, y guardamos la pintura sobrante. Te confesaré que, la primera vez que John y yo escombramos el garaje, encontramos la pintura que habíamos usado tres años atrás, al mudarnos. Estaba tan seca que John debió romper la tapa para mirar el contenido solidificado. Sí... no lo hagas más. Infórmate

sobre dónde puedes hacerlo, y tírala. Si tienes pintura en buen estado, pero el color ya no te convence, dónala a alguien que pueda necesitarla.

3. Cuidado con bichos y alimañas. Si usas el sótano como cuarto de lavado, asigna un lugar a toda esa ropa pendiente de planchado, saca los objetos que no pertenezcan allí, y haz el firme propósito de que no vuelva a desordenarse. Bichos y alimañas podrían refugiarse allí, recuérdalo.

4. Nada de cajas vacías. Si estás guardando cajas porque podrías usarlas para enviar algún paquete, o por si necesitas enviar de regreso algún producto, créeme cuando te digo que eso no sucederá. Son posibilidades pequeñísimas, por las que no vale la pena tener un fuerte de cajas en el garaje.

5. Nada de decoraciones en malas condiciones. Yo sé que el mundo se está muriendo, que hay que usarlo todo lo más que se pueda, pero... ¿en serio guardé esas decoraciones feas con agujeros del

año pasado, para usarlas también este año? Es válido decirles adiós cuando les ha llegado su momento. Entonces, busca todas aquellas decoraciones que ya no necesites, o que estén en mal estado, para enviarlas a su nuevo hogar: la basura.

6. Juguetes viejos=nostalgia. Ya sabes: si están en buen estado, se venden o donan. Si no, a la basura. No los echarás de menos, aún si tu hijo se veía adorable montado en ese carrito, o si le encantaba esa pelota descascarillada de basketball.

7. Dile adiós al equipo viejo de electrónica o de deportes. No, nada. Si ya no practicas el deporte desde hace un año, por las razones que sean, es poco probable que lo retomes de nuevo. Infórmate sobre centros de acopio que se ocupen de reciclar electrónicos viejos, y llévatelos de una buena vez. De verdad, no los necesitas para complicarte la vida, ni para traerte recuerdos de gloria.

8. Deshazte de químicos tóxicos o expirados. Como en la pintura o los electrónicos, investiga sobre la forma adecuada de deshacerte de ellos. Será mejor si tu garaje o sótano está libre de estos peligros.

¿A que no es tan difícil lidiar con los retos, cuando ya te has vuelto un minimalista experimentado?

Escombra tu jardín

Cuando era una niña, los domingos mi padre nos despertaba temprano a mis hermanos y a mí. La mañana dominical estaba reservada para consentir al jardín.

Cuando nos mudamos a un barrio más fino, casi que puedo asegurar que mi padre fue el más feliz. No por la casa enorme, lujosa, por la piscina en el patio trasero. No. La nueva casa contaba con un jardín frontal bastante grande, con mucho potencial.

Mi padre amaba su jardín, y lo mimaba como si fuera uno de sus hijos. Al haber crecido en un rancho humilde de campesinos, esto era natural en él. Papá se enorgullecía muchísimo, pues él mismo había creado desde cero semejante hermosura. A diferencia de los bellos pero producidos jardines de los vecinos, en el jardín de mi padre se notaba una obra humana un poco torpe. Pero eso, en vez de avergonzarlo, lo motivaba: decía que la tierra devolvía el cariño a las manos amorosas que lo cuidaban. Así que mi padre nos hacía ayudarlo con el jardín, todos los domingos. Pese al trabajo duro que era, todos estábamos felices de hacerlo pues jugábamos mientras regábamos, cortábamos y plantábamos nuevas semillas. Además, siempre, al terminar, nos íbamos a misa de nueve, y después a desayunar a nuestro restaurante favorito. Eran buenas experiencias.

Pronto nos dimos cuenta que nuestro padre ya no necesitaba despertarnos, pues nosotros lo hacíamos por gusto y costumbre. Una vez mi papá enfermó, y no pudo levantarse ese domingo en cuestión. Pues se llevó una sorpresa muy grande cuando mi mamá le hizo saber que nosotros habíamos cuidado el jardín esa mañana.

Yo también me enorgullecía de nuestro jardín, y del noble arte de la jardinería que mi padre me enseñó a amar. Todavía conservo ese amor que él me inculcó, y lo pongo en práctica con nuestro jardín minimalista de enfrente. Es así, entonces, que trato de enseñarle a mis hijos a amar a la tierra, poniendo en práctica al mismo tiempo, el minimalismo. Creo que es una de las mejores fuentes de felicidad, y el tipo de actividad que nos une más en nuestro proyecto minimalista.

Muchas personas piensan que el jardín no tiene mayor importancia en nuestras vidas, pues son solo plantas que están ahí y no aportan mucho al día a día.

Pero, en realidad, si al salir cada mañana de casa hacia el trabajo, lo primero que veo al abrir la puerta principal es un jardín hermoso, ordenado, esto me llenará de alegría. Comenzaré los días con el pie derecho, serán buenos pase lo que pase. Y regresaré a alegrarme de nuevo con la visión de mi jardín al caer la tarde. La motivación hará que cuide siempre a mi jardín, y así se repetirá el ciclo positivo.

Cuidar del jardín lleva tiempo, y entraña cierta dificultad pues son terrenos de la naturaleza, que no siempre podemos controlar. Además, los jardines son lugares de relajación, por lo que puedes tener una piscina, o tina de masaje, fogatas, etc. El cielo es el límite para la imaginación. Esto significa, que los objetos también podrían acumularse de forma epidémica. Seguro habrás visto u oído, de algún jardín que es un bosque, que abundan las esculturas rotas, la flora muerta, periódicos viejos, juguetes perdidos de los niños. Como es una zona tan amplia, puede albergar infinidad de cosas.

Pero, existen estrategias para tener tu jardín bien cuidado, y para que evites que a futuro se te convierta en una jungla amazónica. Es esencial que te centres en zonas, objetos problemáticos, para que tu escombreo sea efectivo de veras. Veamos:

Acciones clave para el jardín

1. El desorden es tu mayor enemigo. No importa qué tan bonito sea tu jardín, o con qué potencial paradisíaco tenga. Si hay un desorden de objetos inútiles, o tienes demasiados elementos "acogedores", seguirá viéndose abigarrado. ¡Cualquiera pensará que tienes una subasta!

2. Estudia tu equipamiento viejo de jardín. Puede que tengas viejas sillas de descanso, cuyos modelos exquisitos ya no se ven por ningún lado. Tienes una mesa para té que es una antigualla hermosa. Bueno. Piensa en por qué quisieras conservarlos, o si no quisieras hacerlo. Si aún crees que los necesitas, ¿podrás repararlos tú mismo? Si no deseas conservarlos, ¿alguien más podría apreciarlos y restaurarlos? Si tu respuesta es no, entonces ya sabes a dónde pertenecen.

3. Demasiadas macetas. Las porcelanas se ven muy bonitas. ¡Las macetas también! Pero, menos, es más. No incurras en tener demasiadas macetas, por muy lindas que sean, tampoco necesitas tantas. Puede que también quieras deshacerte de la montaña de macetas vacías del jardín trasero...

4. Esculturas rotas. Tu jardín no lucirá bien con estas, se verá descuidadísimo. Si las quieres aún, busca repararlas. Si ya no las quieres, y no tienen reparación, estarán mejor en la basura.

5. Césped y plantas secas. Entiendo, el agua para regar el jardín puede ser costosa. De hecho, el mantenimiento de jardines naturales no es nada barato. Pero es preferible que busques otras opciones más resistentes a las sequías, o sustituyas el jardín por otras opciones de diseño como maderas o piedra, a estar viendo eternamente los parches secos de tu césped. Un ecosistema vegetal seco es tan alegre como un funeral, y no va a animarte cuando llegues a casa.

6. Herramientas inservibles de jardín. Es bueno saberles decir adiós, cuando ya cumplieron con su vida útil. Mi papá remendaba y resucitaba tanto sus escobas, tijeras y carretillas, en lugar de comprar nuevas, que resultaba hilarante cuando se rompían en nuestras manos de niños. No comprometas tu desempeño jardineril, pues perderás mucho tiempo haciéndole RCP a tus herramientas, y compra las que puedas necesitar.

7. Mangueras. No conserves tus mangueras que se han puesto en mal estado, o que tienen agujeros. ¡Decide, conserva o tira!

8. Mobiliario infantil. Si ya no tienes niños en casa, ni nadie que use esas resbaladillas o columpios en buen estado, considera donarlos a familias jóvenes con niños pequeños. Puede ser duro, por la nostalgia, pero podrás agradecerles a tus objetos las alegrías que te proporcionaron, extendiendo su vida útil con alguien más.

9. ¡Nada de juguetes infantiles oxidados o rotos! Si no es Halloween, y no buscas darle una vibra tenebrosa a tu jardín, son una pésima opción. Lo

mismo aplica para las barbacoas viejas a punto de caerse a pedazos; compra sabiamente. Si no las usas de manera frecuente, no vale la pena comprarse una "sólo por si acaso".

Si eres una persona curiosa, y te gusta reciclar; el carbón no usado de tus barbacoas que se amontona en bolsas en el jardín trasero, por ejemplo, puedes usarlo en la composta para contribuir a que la materia orgánica se descomponga más rápido; para absorber la humedad de las cajas de herramientas, o como fertilizante para algunas clases de flores.

Aprovecha al máximo las posibilidades de tu jardín, y verás cómo tu paz mental, tranquilidad, ven potenciado su crecimiento.

Conclusión

Te agradezco enormemente que me hayas acompañado hasta el final de este libro. Que estés aquí significa mucho para mí. No por las ventas que esto significa, no por un beneficio económico. No, todo eso es banal, y el minimalismo me lo enseñó. Cuando era más joven e ingenua, aún si hubiese tenido todo el dinero del mundo a mi disposición, hubiera seguido enterrada hasta el cuello en la infelicidad. No quiero ni imaginarme qué clase de vida llevaría, dónde estaría. Creo que jamás me hubiera dado cuenta de la jaula de oro en la que me encerraría yo misma.

Que estés aquí, significa que habré podido contribuir con mi grano de arena a que te eleves hacia una mejor calidad de vida. El minimalismo, el escombreo, son parte de un noble estilo de vida que he tenido la fortuna de conocer, y que tengo el enorme gusto de presentarte. De verdad espero que el minimalismo te otorgue paz, una mejor calidad de vida. Lo cierto es, que cuenta con todas las herramientas para ayudarte a lograrlo.

Recuerda que el minimalismo solo es un auto de ciertas características. Tú decides si lo quieres, si viajas en él. Tú eliges hasta dónde te llevará. Si irás hasta la Patagonia, o solo a la vuelta de la esquina. El minimalismo es libertad.

No tengas miedo ni dudas. Cuentas con conocimiento, y con consejos para emprender tu propio viaje. Conoces ahora qué es exactamente el minimalismo, entendido como un estilo de vida. Ya sabes cómo es un minimalista, cuál es su combustible. Conoces sus comportamientos, y sus actitudes hacia la vida, hacia los objetos materiales. Incluso te has infiltrado tanto, como para conocer un poco de sus estrategias para enfrentarse al mundo materialista.

Con los buenos consejos para que forjes tus propios hábitos minimalistas, estoy segura que lo lograrás. Y como confío en tu propia creatividad, en tu increíble condición humana, sé que podrás encontrar fórmulas que se adaptarán mucho mejor a tus necesidades. *Tú eres sabio, eres libre.*

Me apuesto el almuerzo a que habrás hecho mucha introspección reflexiva, y habrás logrado identificar las razones que te han impedido que empieces a escombrar. Asimismo, puede que hayas llegado a identificar esos patrones de pensamiento nocivos, todos esos introyectos y creencias que evitan que alcances la vida que te mereces. Armado con todo este conocimiento sobre ti mismo, tendrás éxito para ponerles solución efectiva.

Continuando con lo anterior, por ende, sabrás por qué no puedes deshacerte de tus objetos preciados que bloquean la entrada de nuevas cosas a tu vida. Sin embargo, sé que sabrás hacerle frente a esa situación. Si alguien tan presumida, aferrada, y boba como mi viejo yo, pudo hacerlo, tú, con toda tu perseverancia, creatividad e inteligencia, ¡podrás hacerlo sin problemas!

No olvides nunca que una buena logística, así como una planeación efectiva, son la clave para la limpieza y el escombreo minimalistas. No hay fórmulas mágicas, ni soluciones de panacea. Todo dependerá de ti mismo. Además, podrás contar con el respaldo de tus seres queridos para lograrlo. Juntos, trabajando codo a codo, lograrán cosas increíbles en el seno del hogar.

Y no estarás solo. Hay una enorme comunidad minimalista, de todas las nacionalidades, esperándote con los brazos abiertos. Solteros, casados, familias pequeñas y grandes; todos ellos estarán dispuestos a ayudarte con las dudas que puedan surgirte en el camino, y para compartir sus propias experiencias que, sin duda, te serán beneficiosas. En las obras de los expertos compañeros minimalistas como Joshua Becker, Ryan Nicodemus, Joshua Fields Millburn, Marie Kondo, David Damron, Leo Babauta, encontrarás montones de información adicional que te será útil para tu vida minimalista. ¡No temas en dejarles algún comentario es sus blogs, será una experiencia edificante!

Por último, te divertirás muchísimo escombrando tus habitaciones, verás que es más sencillo de lo que parece, y darás entrada a tu vida a todos los beneficios que el minimalismo puede ofrecerte.

De verdad, sinceramente creo, que encontrarás la felicidad si te dispones a exprimir todo el jugo que el minimalismo tiene para ti. Las palabras no alcanzan, para describir los efectos que tendrá sobre tu vida, y la de tu familia, y la del mundo. Si todos trabajáramos por cuidar mejor nuestro planeta, consumiendo menos, viviendo solo con lo necesario, otra historia sería. No existiría el calentamiento global, ni las escandalosas brechas de pobres y ricos. Me siento muy bien, pensando que he podido contribuirte a ti, y al mundo, con este libro. Te prometí, al principio, que te entregaría una forma de vivir una vida más simplificada y feliz; de verdad espero que todas las experiencias, consejos, tips y sugerencias de esta humilde minimalista, cumplan con el propósito máximo que he querido entregarte en este libro.

Como mis últimos deseos, antes de dejarte...

Todo estará al alcance de tu mano, solo si así lo deseas. No esperes al año nuevo chino, y empieza actuar por ti, y para ti.

Quiero que encuentres la paz, que te permitas ser una persona nueva. Si aún estás en este tormentoso camino de encontrarle el sentido a tu vida, de todo corazón espero que este libro te ayude un poquito a que lo encuentres. Y si no, que por lo menos te haya hecho aprender algo nuevo. Te mereces ser feliz, eres digno de que el bienestar habita contigo.

Espero que este libro no te haya resultado nada aburrido, sino ameno, beneficioso y constructivo. Desde el fondo de mi alma, querido lector, te agradezco una vez más que me hayas acompañado, y rezo porque logres todo lo que te propongas y ansíes.

Sin más, solo me queda desearte... ¡Que tengas un buen, amoroso viaje minimalista!

Bibliografía

(s.f.) *10 Razones por las que deberías ser minimalista* [Entrada a Blog] Recuperado de http://minimalspot.com/12-razones-por-que-ser-minimalista/

(s.f.) *10 Reasons Why We Can't Declutter (And What To Do About Them)* [Entrada a Blog] Recuperado de https://simpledays.co.uk/10-reasons-why-we-cant-declutter-and-what-to-do-about-them/

(s.f.) *How to Declutter Kids' Rooms {The Six Week Decluttering Challenge}* [Entrada a Blog] Recuperado de https://www.cleanandscentsible.com/how-to-declutter-kids-rooms-the-six-week-decluttering-challenge/

(s.f.) *Minimalismo 1960-1970*. Recuperado de https://historia-arte.com/movimientos/minimalismo

Attard, J. (13 de febrero de 2019) *Declutter Your Office: 8 Ways to Make Your Office Neater* [Entrada a Blog] Recuperado de https://www.businessknowhow.com/growth/unclutterdesk.htm

Bogue, E. (s.f.) *El arte de ser minimalista. Cómo dejar de consumir y empezar a vivir.* Recuperado de https://valedeoro.es/wp-content/uploads/2010/05/ArteDeSerMinimalista_PDF-simple.pdf

Brenner, S. (19 de octubre de 2018) *The 5-, 10-, and 15-minute unclutterer* [Entrada a Blog] Recuperado de https://unclutterer.com/2018/10/19/the-5-10-and-15-minute-unclutterer/

Economía Circular Verde (s.f.) *El minimalismo, entendido como una filosofía de vida ecológica* [Entrada a Blog] Recuperado de https://economiacircularverde.com/el-minimalismo-vida-ecologica/

Erbali, E. (07 de abril de 2014) *10 ventajas de un año minimalista* [Entrada a Blog] Recuperado de https://noquierootropijama.com/10-ventajas-de-un-ano-minimalista/

Gallagher, N. (s.f.) *"No Brainer" Things to Toss In a Garage Decluttering Session* [Entrada a Blog] Recuperado de https://www.refinedroomsllc.com/garage-decluttering-things-to-toss/

Hallet Taylor, L. (22 de mayo de 2018) *Conquer the Clutter in Your Yard: Get Rid of These Things Now* [Entrada a Blog] Recuperado de https://www.thespruce.com/conquer-the-clutter-in-your-yard-4082137

Hamburgh, R. (29 de diciembre de 2016) *Six techniques to declutter your home for a satisfying start to the new year* [Entrada a Blog] Recuperado de https://www.thenational.ae/arts-culture/six-techniques-to-declutter-your-home-for-a-satisfying-start-to-the-new-year-1.218087

Hines, S. (01 de enero de 2019) *10 things a decluttering expert never has in their living room* [Entrada a Blog] Recuperado de https://www.goodhousekeeping.com/uk/house-and-home/declutter-your-home/a577514/how-to-declutter-living-room/

Levin, H. (s.f.) *How to Declutter Your Kitchen in 5 Easy Steps to Save Money* [Entrada a Blog] Recuperado de https://www.moneycrashers.com/declutter-kitchen/

Martínez, M. (s.f.) *¿Qué es el minimalismo existencial? Filosofía Minimalista*. Recuperado de https://minimalismoyorden.com/minimalismo-existencial-filosofia-minimalista/

Martínez, M. (s.f.) *¿Qué es el minimalismo?* Recuperado de https://minimalismoyorden.com/que-es-el-minimalismo/

Martínez, M. (s.f.) *Aprende a llevar una vida minimalista.* Recuperado de https://minimalismoyorden.com/estilo-de-vida-minimalista/

Mi Casa Organizada. (s.f.) *Qué hacer con objetos de gran valor sentimental?* [Entrada a Blog] Recuperado de https://micasaorganizada.com/que-hacer-con-objetos-de-gran-valor-sentimental/

Minimise With Me (24 de abril de 2017) *9 Top Decluttering Methods For Your Home* [Entrada a Blog] Recuperado de http://minimisewithme.com/decluttering-methods/

Ongaro, A. (s.f.) *6 Popular Minimalist Decluttering Methods* [Entrada a Blog] Recuperado de https://www.breakthetwitch.com/decluttering-methods/

Pérez, V. (02 de noviembre de 2016) *El minimalismo como forma de vida* [Entrada a Blog] Recuperado de https://hipertextual.com/2016/11/minimalistas-minimalismo-como-forma-vida

Russell, M. (03 de febrero de 2019) *Why Decluttering is Important for Self-Care: Choosing less to improve your well-being* [Entrada a Blog] Recuperado de https://simplelionheartlife.com/decluttering-for-self-care/

Russell, M. (22 de octubre de 2017) *13 Reasons You Struggle to Declutter & How to Overcome Them* [Entrada a Blog] Recuperado de https://simplelionheartlife.com/struggle-to-declutter/

Sasaki, F. (2017) *Goodbye, things*. Roca Editorial de Libros, S.L.: España.

Sienra, R. (31 de octubre de 2018) *¿Qué es el minimalismo? Conoce la historia y las particularidades de esta corriente estética* [Entrada a Blog] Recuperado de https://mymodernmet.com/es/que-es-minimalismo-definicion/

Simple Quiet Mama (15 de abril de 2019) *9 Surprisingly Simple Minimalist Habits That Will Enhance Your Life* [Entrada a Blog] Recuperado de https://simplequietmama.com/minimalist-habits-that-will-enhance-your-life/

The Tannehill Homestead. (s.f.) *Minimalist Cleaning Routine To Maintain a Tidy Home.* [Entrada a Blog] Recuperado de https://www.thetannehillhomestead.com/minimalist-cleaning-routine/

Wells, K. (10 de octubre de 2019) *How Minimalism With a Family is Possible (& Life Changing!)* [Entrada a Blog] Recuperado de https://wellnessmama.com/344224/minimalism/

Yánez, M. (13 de febrero de 2017) *Entendiendo la filosofía del minimalismo como tendencia mundial y sinónimo de desarrollo* [Entrada a Blog] Recuperado de https://nerduniversitaria.com/2017/02/13/el-minimalismo-como-estilo-de-vida/

www.ingramcontent.com/pod-product-compliance
Lightning Source LLC
LaVergne TN
LVHW010512200726
843506LV00013B/2579